大展好書 好書大展

大展好書 好書大展

社會人智囊
54

撼動人心優勢口才

龔伯牧／編著

大展出版社有限公司

序文

人所說的話，確實為一件不可思議的東西。

我想大部分人都有這樣的體驗：有些話令你刻骨銘心。當你身處困境或逆境時，便由於那些話的支撐，才得以助你度過種種的考驗和艱難。無疑地，也有人因某些人所講的話傷到自己的心，從此不再與其交往的經驗。

總之，話可以使人為之甦醒振奮，亦可以致人於死地！

儘管「話」是如此極為重要的東西，但真正能花心思於措辭上的管理者及領導者卻很少，所以到底該如何才好呢？

管理者及領導者為了達成工作的目標，必須驅遣部屬做事。此時所下的命令和指示，就需要考慮到所謂的「措辭」。

往往從發號施令者的經驗中，可以清楚地瞭解他們所發出的命令與指示，是否能左右部屬積極地配合工作，抑或消極地敷衍。即使管理者及領導者不花心思於驅遣部屬時的措辭，也絕不是一件很奇怪的事！

本書主要以提出諸如此類的疑問為內容。被認為用於驅遣部屬時「有效的話」，在本書則以「優勢話」一語道破。

所謂的「優勢話」，乃是指對部屬可以產生機動性效果的話。亦即，在發布命令及指示等時，該怎麼說？說些什麼話？才能使部屬積極地配合工作！

本書大致分為二大部分。第一章說明在想「優勢話」時，做為思考基礎的「溝通問題」、「話中所含的意義」及重要性，以及「說服的問題」與「構成理論的方法」等等。這些都是管理者及領導者在思考「優勢話」時，應該具備的基本知識。

第二章則舉出一些「優勢話」的實例，即是管理者及領導者，如何實際、有效地使用「優勢話」來驅遣部屬。這些例子根據不同的對象及狀況共分為十五種類型，而每種類型各舉出五個實例，並分別說明每個「優勢話」所依據的理由，以便有效地使用，及使用時應注意哪些要點。

因此，對於第二章的內容，請視自己針對的對象及所要應付的狀況，選擇活用之。找到中意的「優勢話」之後，必須注意的是，若不能確定管理者及領導者和部屬之間的信賴關係時，則無法使用。換言之，若部屬不信賴上司，就無效了。

所以，在此提醒各位讀者，和部屬建立良好的信賴關係，乃是使用「優勢話」時的一大前提，而且是不可忽視的！

目錄

序　文……三
第一章　撼動人心的優勢口才
1　撼動人心的語言……一四
※爸爸少說話為妙嗎？……一四
※沈默不再是金……一五
※自己的意志無法透過態度表達……一五
※「以心傳心」無法適用於「依賴指示族」……一六
※必須以話來撼動人心……一七
※計劃、實施、統制——管理和溝通的關係……一八
2　為什麼必須以語言來撼動部屬呢？……一九

※合理性的追求……一九
※藉話傳達於部屬①——方針……二〇
※藉話傳達於部屬②——工作的目標順序……二一
※藉話傳達於部屬③——狀況……二二
※藉話傳達於部屬④——部屬工作的結果……二三
※藉話傳達於部屬⑤——情報……二三
3維持工作場所的「和」言語溝通很重要……二五
※在工作場所上，何謂「和」？……二五
※說明協力、協調的必要性……二六
※維繫良好的人際關係……二七
※離開工作的崗位時，可以彼此了解人性……二八
※若想被信賴，就得先信任自己的部屬……二八
4「說明」和「說服」的不同……三〇
※說服的二種類型：「廣義的說服」和「狹義的說服」……三〇

※「說明」是訴諸於對方的理性……三一
※訴諸於對方感情的「狹義的說服」……三二
※選擇觸及心弦的話……三三
※視情形而訴諸於義理及人情……三四
5 **對「說明」有效的邏輯展開法**……三五
※五種展開法……三五
①推論法……三六
②三段論法……三七
③歸納法……三七
④辯證法……三八
⑤根據因果定律……三九
6 **正確地選擇用語**……四〇
※選擇對方能理解的話……四〇
※考慮到對方感受的程度……四二

※抓住對方心態的改變而選擇用語……四三
※根據說話的場合斟酌其用語的選擇……四四
7 所謂優勢話為何……四五
※優勢的話就是「很生動、活潑的話」……四五
※優勢話必須是「精簡有力的話」……四六
※優勢話必須要能提高對方的自尊心……四六
※優勢話可以說是道出對方的弱點……四七
※採用優勢話時，時機相當重要……四八
※同樣一句「優勢話」不能在同一人身上使用二次……四八
※同樣的優勢話不能使用於別人身上……四九

第二章 撼動人心——優勢話的實例集

1 對於年紀稍長者所用的優勢話……五二
2 對於中堅職員的優勢話……六一

3 對於年輕人的優勢話……七〇
4 對於閱歷豐富的女性所使用的優勢話……七九
5 對於年輕女性的優勢話……八七
6 對於工作失敗而消沈的部屬所使用的優勢話……九五
7 要讓部屬應付緊急狀況時的優勢話……一〇四
8 要部屬做不喜歡的工作時所用的優勢話……一一二
9 對何事都感到消極的部屬所使用的優勢話……一二一
10 對沒有上進心的部屬所使用的優勢話……一三〇
11 對欠缺協調性的部屬所使用的優勢話……一三八
12 對經常說理的部屬其優勢話……一四六
13 對具反抗性部屬之優勢話……一五四
14 對為私人問題煩惱的部屬之優勢話……一六二
15 對製造煩惱的人所使用的優勢話……一七〇

第一章　撼動人心的優勢話

1 撼動人心的語言

※爸爸少說話為妙嗎?

有這麼一則廣告:「爸爸少說話為妙，媽媽則以笑臉置之」。這則廣告具有相當東方意味的溝通特徵。

「男人不太說話」，多少是受到儒家的影響所致。東方人的道德、教養及行動等等，大都以儒家的精神為憑據。

在儒家的理念中，如論語裡所說的「巧言令色，鮮矣仁」，即是指只會說一些矯揉造作的話，追求流行時尚的人，是很難具有人類根本之道的「仁」。因此，在認為「沈默是金」、「以心傳心」的東方，愛說話及多嘴舌的人是不受歡迎的。

因此，前述的廣告是相當吻合東方人的溝通觀念。

※沈默不再是金

但是，對現在仍認為「爸爸少說話為妙嗎？」不得不有所疑惑、懷疑了！最大的理由是，儒家的精神已漸漸淡薄了。

以儒家五倫之一的「長幼有序」為例，大概就可了解！因為年輕一輩可能都不曉得有這一回事，甚至若提及所謂「長幼有序」等的話，就會被認為「死腦筋、老古板」了。

雖然「長幼有序」曾為企業界年功序列制的精神支柱，但由於受到民主主義精神裡公平、平等的影響，年功序列制也漸漸不被重視。不過，年功序列制的崩壞，並不只是為平等感及公平感的加深，最大原因乃在於高齡化、高學歷化等因素。

由於儒家精神裡最重要的「長幼有序」的觀念逐日淡薄，被認為是君子溝通之道的「以心傳心」等觀念，不再是一件輕而易舉的事了！因為男人不太說話，並不代表是美德或是其他，只是意味著一無所有。換言之，「沈默是金」已不見得是美德了！

※自己的意志無法透過態度表達

所謂「爸爸少說話為妙」，也適用於管理者及領導者對於部屬的管理與指導。換言之，管理者及領導者對於部屬最好少說話，而透過態度及行為予以管理與指導。管理部屬方面，一般都認為「少說話而表現於態度」比較有效。

不過，以態度及行為來表示的管理及指導方法，其想法和行動雖和採取集團主義所具備的條件類似。但是，以目前個人主義色彩逐日濃厚的情形看來，已漸漸不適用了。

在想法、價值觀互異、行動方式不同的個人主義原則下，即使沈默也很難彼此互相了解。換言之，只看對方的態度及臉色是很難猜出「他想說什麼」，或「他希望如此」等等的心情。

由此可見，以態度和行為來傳達心情及想說的話，即所謂「以心傳心」的方式是不可行的。若不明白地表達於言詞中，則很難將自己的心情及想說的話傳達出去。

※「以心傳心」無法適用於「依賴指示族」

以態度及行為無法管理部屬的例子，通常指「依賴指示族」而言。依賴指示族是最近年輕人所用的字彙，它表示若沒有受到指示就不可能動手做任何工作。

依賴指示族，即使看到周圍的人很忙，也絕不會問「需要我幫忙嗎？」等等的話。除非上司告訴他「某先生，幫一下忙！」否則只會袖手旁觀；並只做吩咐的事，沒有吩咐的事通常是不做的。

老一輩的人看到這一群依賴指示族，就會指責他們「一點也不機伶、一點也不積極」。完全是基於所謂「以心傳心」，觀察對方的心情而感覺對方需要的集團主義裡，根本、古老的價值觀念和想法的緣故。但對於無法將自己想法融入集團主義，而個人主義色彩濃厚的年輕人而言，那是不適用的。

對於持有個人主義行動基準的年輕人而言，聽從指示是理所當然的。只做吩咐的事，是為了不侵犯到他人職份所做的考慮，也是一個相當不錯的論調。

因此，依賴指示族沒有任何行動時，不能怪罪於年輕人，而是管理者及領導者，沒有給予那些年輕人明確、清楚的指示及工作目標。

※必須以話來撼動人心

一想到以年輕人為主的「依賴指示族」日益增多，且個人主義的傾向愈來愈強這件事。今後在管理與指導時，就必須改變成根據態度及行為等非語言的溝通，來傳達心情、想法等意思的方法。

換言之，基於「以心傳心」來表達意思的方法是不行的，必須將其意思透過明確的話語表達出來。commumication 譯成「交換意思」可以很容易了解，原是指意思的表達，彼此交換話語。從此以後，必須仔細地研究此意念，而且要設法加強彼此的意思溝通。

※計劃、實施、統制——管理和溝通的關係

事實上，對現代的領導者而言，溝通是很重要的管理機能。所謂管理機能，即指管理中必要的作用、活動；較為人所熟知的是計劃、實施、統制三項。

和計劃、實施、統制相同的，溝通也是重要的管理機能。管理者及領導者要求部屬做事時，若缺乏明確的指示，部屬將難以達成所預想的成果。此外，為了使部屬對於工作能夠積極、自發地配合，更必須透過語言來說服之。

無論如何，要撼動部屬時，首先希望大家強烈地體認到「語言」確實極為重要。

2 為什麼必須以語言來撼動部屬呢？

※合理性的追求

在工作管理嚴格的執行下，通常會考慮到其合理性及合適性。這兒所指的合理性，即所謂的「組織的合理性」，「組織的合理性」即一般的「效率的理論」和「費用的理論」。

「效率的理論」，是指「不管誰都會認為有效率地工作是當然」的理論、道理。而所謂的「費用的理論」，則指「在做事時，把費用降到最低極限」的理論與道理，亦即以「最少的費用而達成最大的效果（利益）」。

管理者及領導者通常會被要求以此「效率的理論」及「費用的理論」，來執行各方面的管理，特別是工作上的管理，而將此稱為「合理性的追求」。所以，當你要了解為什麼必須得以語言來撼動部屬時，首先從「合理性」的各方面好好地思考一番。

以下是所列舉出的理由。

※藉話傳達於部屬①——方針

在經營公司方面，經營方針的訂定是非常重要的。經營方針，乃是指經營者對於整個公司今後的運作所提出的方向與目標。

公司方面的原則為，除非觸及法律，否則什麼都可以嘗試。例如，汽車公司可能也生產家具、販賣住宅，而電機公司也從事於香菇的栽培。經營者必須對於公司整體的利益、發展，以及要開發的產品等進行路線指示出來。那也就是經營方針。經理、課長等管理者就要接受經營方針，做為各部門所應達到的目標、方向。具體地說，經營方針就是訂立各公司及各部門的方針，並且傳達給部屬。

關於公司各部門的方針，在傳達的過程中必須用最易懂的話說明之。

此時，如何說明也是一個問題。在管理者、領導者之中，也有人將其最高的經營方針寫成文書交給部屬自己研讀，並未加以詳細地說明。

但是，若只閱讀文書上的經營方針，部屬是很難理解其最高的方針。管理者及領導者必須具備對於上司的方針及企圖，能夠巧妙地以語言傳達的表達能力。

※藉話傳達於部屬②——工作的目標順序

關於經營方針及各部門的方針，即使很仔細地說明，部屬還是很難採取具體的行動。當然，對於那些資深的職員，只告訴他們方針也會馬上知道「自己應該做些什麼？」但是，必須考慮到對於大多數的部屬而言，若只做方針上的說明，他們是無法具體地了解到要做些什麼？

所謂方針的說明，也只不過是在說明「面對何種的指示？要怎麼做才好？」等，僅是表示其方向及範圍罷了！因此，必須向部屬在此方向與範圍上，說明「要做什麼？要如何做？」「什麼」就是目標，目標即指「應到達的點」；對於銷售部門而言，即是指「銷售目標」。

將要做「什麼」的目標，做明確地說明後，接下來就要說明其目標「應如何做才能達成」。換句話說，也就是具體地說明要採取怎樣的步驟與方法來著手於工作。對於所謂「

依賴指示族」的年輕人而言，若未採取如此親切、仔細的說明，他們是無法成事的。由此可見，有關工作的步驟及方法的說明是何等的重要！

※藉話傳達於部屬③——狀況

即使具體地指出其方針及做法，部屬也未必就能有效率地工作。

例如，美國企業對於每個人的工作都有嚴格劃分，並且個別執行的體制。因此，只要指示其方針及具體的做法即可，管理者及領導者，也只需對部屬所整理出來的工作成果加以過目一下。

台灣企業則是屬於由眾人協力，合作完成工作的集團執行體制。而且，這種集團執行體制不僅是執行於一個部門內，常常牽涉到很多個部門，彼此要相互協力、合作。

在此體制下工作時，必須很清楚地了解到共事者的工作狀況。然而，部屬若一一去詢問狀況，無疑是非常沒有效率的。所以，身為情報中心的管理者及領導者，應該召開連絡、調整的會議，而將其結果讓部屬了解。

※藉話傳達於部屬④——部屬工作的結果

就如前項所敘述的，基本的管理可說是「計劃、實施、統制」。在此三項之中，「統制」即為檢查的意思。即是對於部屬是否有按照計劃的進展工作，或是目標已達成幾成，等進行審核的工作。再將此結果，或未達成的部份再命令部屬重新去做。

管理者及領導者，雖都按上述般地將部屬所執行的工作做了審查，卻有很多人無法將此結果很清楚地傳達給部屬。

部屬對於無法從上司處得到有關工作結果的明確說明時，又將會如何？相對來說，由於他們對於工作的成果是好亦壞無從得知，自然也無法了解對公司有多少的貢獻，以致完全喪失工作慾望。

※藉話傳達於部屬⑤——情報

現代除了人、物、金錢三大資源外，若再加上「情報」，可稱為四大資源，其中又以情報最為重要。情報不只對於經營者、管理者及領導者很重要，對於實際參與工作的部屬也很重要。由於無法及時獲得工作上必要的情報，致使工作延誤，目標無法達成的例子很多。

管理者、領導者是公司組織裡各種情報蒐集的情報中心，必須毫不吝嗇地提供部屬各種情報。情報雖屬公文的一種，但真正有效用的情報仍是指透過口頭傳達的。因此，管理者及領導者，必須儘可能收集「有效用的情報」傳達給部屬。並且，為了避免讓部屬誤解、歪曲，更得小心、慎重地選擇用語以便正確地傳達。

3 維持工作場所的「和」言語溝通很重要

※在工作場所上，何謂「和」？

對於管理者及領導者的「管理」而言，由他們所管的對象及範圍來看，工作上的管理和對部屬的管理有著很大的差別。執行工作上的管理時，如前面提過的，必須遵守「效率的理論」和「費用的理論」等大原理、大原則。不僅要嚴守這二個理論，還要追求「合理性」。為了達到這些目的，我們也強調過說話的重要性了。

至於管理部屬的大原理、大原則又為何呢？無疑地，就是「維持和諧」。由於「和諧」一詞被使用的場合及頻率都很高，所以很難抓住它的真正意思。不過此處可以解釋為「為了達成工作崗位的目標，全體員工同心協力，互相協調的狀態」。

企業界至今仍採取集團主義組織運作，因此非常強調「和諧」。然而今後要求做到「

大家必須採取共同的想法與行動」的「和諧」，已不太可能了。從今以後，所要求的「和諧」乃是指在工作崗位上的「和諧」。「和諧」的性質是隨著時代在變化，於組織的管理與經營上是不可欠缺的，而且必須讓部屬了解「和諧」的重要性及必要性。

為了讓他們保有「和諧」，也只有透過話來說服之。

※說明協力、協調的必要性

維持「和諧」及保有「和諧」，即是「協力、協調」。管理者及領導者總是苦口婆心地告訴部屬要「協力、協調」，然而，特別是年輕的部屬，始終很難與周圍人協力，互相協調。

為什麼呢？最主要的理由是，管理者及領導者對於「為什麼必須協力、互相協調」，沒有說明原因。換言之，管理者及領導者無法理解到人類只要懂得理由，就會有所領會，進而採取行動的道理。

解說「為什麼必須協力、互相協調」的理由時，最有效用的是說明其組織原則，且能對部屬說明「分工與共同作業的原則」。

所謂「分工與共同作業的原則」即是提高工作效率上，於採取分工的同時，也必須彼此同心協力，相互協調、合作的原則。關於「分工」應該很容易了解，至於「共同作業」，由於說明此原則的管理者及領導者很少，不僅部屬無法理解，也很少實踐。

因此，有關「共同作業」對於組織運行的重要性，管理者及領導者遇有機會就必須多做些說明。

※維繫良好的人際關係

要維持「和諧」就要維繫良好的人際關係。換句話說，一旦人際關係不好，就無法達到「和諧」的狀態。為此，管理者及領導者，應該用心加強人際關係的維持。然而，那絕不是一件容易的事。更何況是和個人主義傾向強烈的年輕人維繫良好的人際關係。例如，邀他們去喝一杯酒時，他們卻以冷淡的語氣回答：「今夜已有約了」而拒絕你。

若是一直持續這樣的狀態，只會加深和部屬之間的隔閡。難道真的沒有對策嗎？

其實關於人際關係的問題，既有絕對的解決對策，也可能是毫無對策。最重要的是，人際關係最好不要涉及私人問題。換言之，人際關係只限於「工作上的人際關係」。

※離開工作的崗位時，可以彼此了解人性

前面提過，此處所指的人際關係只限於「工作上的人際關係」，但不是指「工作之外的人際關係」可以完全不去考慮，只是要強調有企圖地、意識地想到「工作之外的人際關係」的重要性。

和工作上的同事保有「工作之外的人際關係」，可以了解彼此的「天性」。一旦離開工作場所，由於心情變得舒暢，所以常常會將工作上所積壓的怨氣發洩出來。藉由交談時所說出的真心話，能夠瞭解到人的性格與需求，因此，即使邀請別人遭到拒絕時，還是不能灰心於維繫「工作之外的人際關係」。問題是「工作之外的人際關係」的方法，既不能不分青紅皂白的邀請別人，一旦遭拒絕時，也不能陷於「關係破裂」「破壞和諧」及大聲謾罵。必須事先考慮對方的立場，即使被拒絕也不能有所怨言。

※若想被信賴，就得先信任自己的部屬

所謂人際關係可以說是平等的信賴關係。好的人際關係則是指信賴關係的確立。因此

，工作上的人際關係，特別是和部屬間人際關係的維持及強化上，強調「人際關係即是信賴關係」是非常重要的。我們常常會從管理者及領導者處聽到下列的話：「部屬都不信賴自己，一有指示馬上就反抗、不接受。」每當我聽到這種話時，都不禁懷疑他們信任他們的部屬嗎？所以，要和部屬建立信賴關係之時，最重要的前提是上司首先必須信賴部屬。這是維繫良好人際關係不變的原則。

一旦無法信賴部屬時，例如，部屬若是缺乏能力而無法將工作委託他時，就必須實施能力開發。若連這番工夫都不願投注只是袖手旁觀，就永遠無法建立信賴關係。

和部屬建立信賴關係，即是建立良好的人際關係，換句話說，維繫「和諧」就是贏得其「同意性」。對於要達成的工作目標，必須全體持有共同的想法（即同意），然後配合個人的使命與目標，共同協力、相互協調，如此一來，就是所謂真正的「和諧」狀態。所以維持「和諧」就必須贏得全體一致的同意。

因此，更要求部屬要協力、協調時，贏得部屬的「同意」是非常重要的。不能憑管理者、領導者的權威，無理地要求部屬協力、協調。因此，要贏得部屬的「同意」，就必須好言相勸，讓對方有個好印象，而自發自動地發揮共同協力、相互協調的精神。

4 「說明」和「說服」的不同

※說服的二種類型：「廣義的說服」和「狹義的說服」

一般所謂藉話來撼動人心，大多指採用「說服」手段。然而真正能理解「說服」的人，可以說是極為少數。而無法理解「說服」，也就是說「說服」並沒有成功。所以，首先就必須從瞭解「說服」開始著手。

關於「說服」，雖有多種的解釋，但在這裡只想分為二大類來談，即「廣義的說服」及「狹義的說服」。

首先，「廣義的說服」即從很多方面去領會「說服」，希望從「說明」及「狹義的說服」來思考。而所謂「說明」是指「很明確的解釋」，也就是把事物最主要的道理及條理說明出來。

相對地，所謂「狹義的說服」，乃是說一些可以打動對方心情的話，不談道理或原則，而說一些真正撼動對方的話。

一般在進行「說服」時，首先是採取「說明」的方法，若無法讓對方有所體會時，就採取「狹義的說服」。

※「說明」是訴諸於對方的理性

如剛剛所言的，「說明」是指道出事物的道理及條理。只訴說一些有關於理論、條理、原理及原則的話，可以說是訴諸於理性的一種。

把人類分為從理性及感性二種來了解，在古希臘時候就已經開始執行。一講到「這個人是很理性的」，是指那人對於事物的道理領會得很透徹，並根據一些道理來做判斷及行事的準則。相反地，若說「那個人一點也不理性」時，大多是指人不懂得事物的道理、情緒化的人而言。

總而言之，人和其他動物之所以不同，乃是因為我們是屬於理性的動物，在「說服」時，首先必須訴諸於理性。也就是採取說明理論、條理、原理、原則，而讓對方了解「說服」的方法。然而，理論、條理、原理、原則要如何說明又是一大問題。因為，理論、條理、原理、原則因價值觀種種的差異，而不易被對方所接受。還有，由於對方的能力，了解的方法也不同。

若「說明」是依理論、條理、原理、原則而表達的話，那麼在「說明」時，就必須瞭解邏輯性是極為重要的。

邏輯性所以這麼重要，是由於說明時所提的道理是否很奇怪？或者是一些理論、條理、原理、原則等，是否能為他人所接納？而所做的檢討。

講道理的方法有很多種，例如，先講一些原理、原則，然後根據這些原理說一些較具體的對策性假設。或者說一些較具體的東西，然後再引發其中的原理、原則並做說明。這是和假設法完全不同的歸納法，或者可以說是接近因果關係的說明。

這種講道理的方法要是沒有弄清楚時，引起道理上的矛盾，也會使得聽的人更加混亂。而且，自己所發表的一些理論和條理，若缺乏邏輯性，就無法使對方瞭解及體會。

※訴諸於對方感情的「狹義的說服」

若以「說明」而無法使對方有所瞭解時，就必須訴諸於感情。也就是採用「狹義的說服」。

所謂「狹義的說服」，乃是指訴諸於人的感情，而改變對方頑固的想法及態度。我們通常被別人說服時，雖然可以體會對方所說的理論及條理，然而在感覺上卻不予苟同。例如，說服者本身的態度若很傲慢，或者是採高壓手段的話，即使贊同他的理論，也無法讓自己心服口服。

在這種情況下，最好不要再講任何理論、條理等，而採取讓對方心情平靜的舉止。例如，要是認為說服者——本身態度有所傲慢，就應該向對方賠罪、道歉，而讓自己的心情也恢復原來的親切。

從這當中，不難理解到「感情」即是指一般的好、惡、喜、怒、哀、樂。所以「狹義的說服」，可以說是刺激及控制人的好、惡、喜、怒、哀、樂吧！

※選擇觸及心弦的話

「狹義的說服」雖如上述所指的刺激及控制人的「好、惡、喜、怒、哀、樂」，然而並不是那麼容易表達出來的。因為人的好、惡、喜、怒、哀、樂都會因人而異的。就光是好和惡，也會因人而異，而「喜怒哀樂」這感情的東西也會有所不同的。還有，即使很清楚對方的好、惡，然而要知道其程度的如何卻是很難的。

況且，人的好、惡及喜怒哀樂就像貓眼般地團團轉，極容易改變的。因此，並不能輕易批評他人。因為批評即是控制他的喜好，恐怕會招致反效果。

於是，身為一個說服者，就必須正確地掌握對方好、惡及喜怒哀樂的感情動向，然後再找出針對目標的刺激對策。總之，必須選一些能夠觸及對方心弦的話說服之。

※視情形而訴諸於義理及人情

在採取「狹義的說服」時，可以視情況，而講一些義理及人情方面的東西，或許可以奏效。在目前的社會，並不是由宗教及意識型態等思想所構成的社會，而是以人際關係為中心，且相當重視人與人之間互動關係的社會。因此義理及人情則成為其民族特性。

不管想去說服什麼人，就會訴諸於義理及人情。例如，你要是提到「以前，我幫你不少忙，為何現在卻恩將仇報呢？」，相信對方也無言以對，而不得不予以苟同。

但是，若無法掌握住對方的心態，最好不要隨便訴諸於義理及人情。

5 對「說明」有效的邏輯展開法

※五種展開法

在前面我們提到，在說服別人時，要先採取訴諸於理性的「說明」，若是行不通時，則採用訴諸於感情、心情的「狹義的說服」。然而在做這番「說明」時，就必須注意邏輯上的安排。

一提到邏輯上的展開，好似很難，但實際上一點也不難。因為事實上，當我們在說服別人時，往往會不知不覺先組織一些邏輯，然後再依據這些邏輯而說出一些有條理的話。因為邏輯往往是在不知不覺中構成，然後將之表現出來。

邏輯的展開法雖然有很多種，但常用的有五種：①推論法、②三段論法、③歸納法、④辯證法、⑤根據因果定律。由於瞭解這五項邏輯的展開是非常重要，所以，做了以下詳細的解說。

①推論法

所謂推論法的邏輯展開法，是先表示出其原理及原則，然後再根據此原理及原則而說出其具體的方法及對策。

而具體的方法，就如你提出「只要是人都會死」的原理時，就必須接著說：「因此，不論A或B或我，都是會終亡的動物」。

拿世界商業上的例子來看，「所謂組織，即各位若不同心協力、互相協調的話，就無法產生效率」，提出諸如此類的原理時，就必須提醒「於同心協力、互相協調時，必須留心於這、留心於那」等的話。

這就是所謂邏輯的展開法。

在採取推論法時，要仔細考量最先提出的原理及原則是否妥當。因為原則及原理並非一般性、普遍性的東西，因此，若是特殊的話，就不易為對方所接受。

因此，在採取推論法時，就必須考慮到所提示的原理及原則，是否能為各位所領會，且判斷是否妥當。

②三段論法

三段論法為邏輯的展開法，可以說是推論法的一種型態。而推論法首先提出原理及原則，然後再提出具體的對策，接著就是展開論證。所以，三段論法就是以文字敘述來提出論證的方法。

第一段：「人是動物」。

第二段：「凡動物都會死」。

第三段：「故凡人也都會死」。

從這可以清楚地瞭解到三段論法，首先要指出大前提（即第一段「人是動物」），接著敘述小前提（第二段的「凡動物都會死」），最後再做結論（第三段的「故凡人也都會死」，最後再將論證一一提出來的方法。

在採取三段論法的接近用語時，若大前提及小前提沒有使用妥當或是不按順序的話，對方就很難瞭解，所以要特別注意。

③歸納法

歸納法是和推論法完全不同。所謂歸納法是先提出具體的東西，然後再提出原則、原理的展開法。

例如，提出具體的事實，如「A或B都死了」時，接著就提出：「因此，凡人都會死」的話。在商業的場合，舉出「看!大家都很拼命地同心協力，協調地在工作！」的實例時，就可以說：「在有效率的組織，大家就會同心協心，相互協調」的話。

在採用歸納法時，不管你說出任何具體的方法或事實，最重要的乃是在於要導出怎樣的原理及原則，也就是從具體的事實及方法中，導出各位所能瞭解、領會的原理及原則。若原理及原則不為一般性、普遍性，卻很特殊的話，相信對方是無法接受的。

還有，所有管理經營的原理及原則都是由歸納法而來的，故不可不知。

④辯證法

所謂辯證法，即一個意見，首先有其「正論」的想法，然後再提出相對的「反論」，最後再導出所謂「合」的結論來的邏輯展開法。

辯證法，是由一位德國哲學家所提出的原則。

以下是具體的實例：

例如，「這個東西有這般的價值」時，首先要提出這個東西的優點及效果的「正論」

，然後再提出「這個東西多差多差」的「反論」。而一件事物，往往有其優、缺點存在。於是，最後再根據其優、缺點做出「應該是這樣」的結論，即所謂「合」。

在世界商業的會議上，雖然常常會出現意見紛爭，但最後都可經過彼此的同意而得到結論。這就是採用所謂的辯證法。

⑤根據因果定律

凡事物都有其因果關係。所謂因果的法則，換句話說即科學的法則。因此，因果關係若不明確，在科學上則不被認同。所以，研究事物是屬於哪種因果關係的工作？是屬於科學上的工作，而這也是在科學時代非常重要的。

雖然是邏輯的進行，若不合乎科學性及合理性，就無法使別人領會，所以，為了要使所講的邏輯有其因果關係存在，就必須加強「話中要有其因，有其果」。

依因果關係而展開邏輯時，具體的表示法為「因……而……」。

提到因果關係時，必須注意到原因和結果的關係是否能連結得很恰當。若做了錯誤的判斷，對方是無法領會的。

6 正確地選擇用語

※選擇對方能理解的話

在語言上的溝通，必須注意到用語的選擇。溝通的對象往往會藉我所講的話來了解我的意思，所以選擇怎樣的話，都可能影響表達的意思。

因此，在用語的選擇上，必須很小心地注意其遣用的字眼，然而我們卻往往不怎樣注意。也就是說，明明知道要注意卻往往忽略掉。如此一來，想要說服部屬就很難了！

因此，往後必須注意「用語的選擇是非常重要的」！然而，用語要怎麼選擇才好呢？選擇用語時，必須注意「選擇對方能理解的話」。

談到知識的水準，並不和學歷成比例，因為有些並不能以學歷上的基準來衡量的。例如，高中畢業的人，若畢業之後，自我勉勵而攝取種種的知識，就可以說這個人有很高的知識水準。相反地，即使是一個大學畢業生，卻不怎麼用功，而且什麼都不懂的人，就可以說這個人的知識水準很低。

因此，關於一個人的知識水準到底是如何的程度，並無法用學歷來判斷，而應該視他所擁有的知識及教養來判斷。於是，對於被認為知識水準很高的人，就應採用適合其水準的話。

相反地，對於被認為知識水準不高的人，就儘量使用其能瞭解的話。

但是，即使知識水準很高，也最好不要使用太難的專門語及外國語。但是若為自己的部屬，可能由於專門部分大致相同，若使用專門語或外國語，或許可以使對方瞭解吧！但是對於一些門外漢而言，還是無法理解的。況且，即使知識水準很高的人，對於西洋文字還是很頭痛的。諸如此類的人，若濫用外國語的話，只會遭到對方的排斥。

總之，對於自己所使用的字眼，必須考慮對方能夠理解、接受的程度而決定是很重要的。因此，掌握對方的知識水準，使用適合其水準的話，來展開邏輯才是最重要的事。

但是有些人，你認為他們的知識水準應該是如何?而選擇適合其水準的用語，然而還是有些人無法很清楚瞭解。也就是說對於水準相同的人，雖然你用相同的話來解說，但每個人的理解程度還是有差別的。

所以必須體認到，知識水準雖相同，但理解力畢竟尚有差別的。所謂知識水準的高低是指具備知識的多寡，知識若很豐富就是「知其物」、而不見得「悟其事」。

於是，重要的是，要考慮到對方的理解力來選擇用語。這時候所採取的用語不但包含單字，且包含句子及邏輯的構成。換句話說，將選擇後的單字加以組織安排之後，就可成為一篇文章。

單字的組織、安排，可以說是邏輯的構成。所以，考慮對方是否能夠理解是非常重要的。也就是說，用語遣詞必須使對方能夠瞭解。

※考慮到對方感受的程度

所謂「選擇適合對方知識水準的話」、「考慮對方的理解力」，是訴諸於對方理性的「說明」時要注意的。而訴諸於對方感情的「狹義的說服」時，應注意哪些事呢？

在「狹義的說服」選擇用語時，最重要的還是要「考慮到對方感受的程度」。

所謂感受的程度，因人而異。也就是說，有人感受性特強，也有人特弱。感受性頗強的人，只要稍微提示一下，就能很敏感地接收。相反地，對於感受性不強的人而言，不管你使用多尖苛的話語，他也不覺痛癢。

儘管如此，還是有很多管理者及領導者並不在乎所謂感受的程度。在說服部屬時，只靠「說明」是不夠的，而透過「狹義的說服」，往往可以使說服的機率提高，所以，管理者及領導者應注意部屬的感受程度。於是說服時，先掌握部屬感受度的強弱，然後再選擇所能接受的用語加以說服才對。

※抓住對方心態的改變而選擇用語

談到選擇用語時，選擇的基準，大概是指「迎合對方心態的改變」吧！

採取訴諸於對方感情的「狹義的說服」時，對方的心情很容易因說服者所說的話而改變。例如，說服者所說的話，若投其所好，就會感受到「喜」和「樂」，而心情舒暢。相反地，若為自己所厭惡的，就會導致「怒」及「哀」。正如聽了一些「令人生氣的話」和「不愉快的話」時，就會引起心情不佳而產生排斥的心理。

因為聽話者的心情隨著說話者所說的話而變化，所以必須清楚確認對方的心情，然後再選擇應使用的話。當然，如何抓住對方心情的改變是很棘手的。

一般可以從對方的表情中得知對方心境上的變化。例如，高興時就會表現出高興的表情，悲傷時就表現出悲傷的表情。「眼神」往往是表現心情的最佳表情，所以選擇用語可對於其變化多加觀察注意。

※根據說話的場合斟酌其用語的選擇

選擇用語時，「考慮場合」是非常重要的。

也就是根據不同的場合，而選擇不同的用語。例如，在說服對方時，若有第三者，使對方提到他並希望讓別人知道的話，這種說服不僅會引起對方不高興，而且成功率也很低。然而，如果在誇讚對方的時候，若有第三者存在時，由於可以讓對方感受到很強烈的自豪感，其說服的成功率或許會提高。

很多管理者及領導者，在有第三者的情況下，講話雖然會很有禮貌，但只要沒有第三者存在時，態度就會改變，且使用粗暴的話，使對方留下不良的印象。

「考慮場所」是很重要的。但還是要先考慮到對方的立場和心情。

7 所謂優勢話爲何

※優勢話就是「很生動、活潑的話」

到目前為止，關於溝通，特別是指說服的方法，我們已從各個角度探討過了。在此我們將再以精簡卻意味深長的話，即撼動人心的「優勢話」探求為前提做為研究。目標是放在能夠抓住部屬心情的「優勢的話」。

「優勢的話」就如同男孩子在向女孩子求婚時所說的話。若男孩子所說的話，不投女孩子所好，就無法打動對方的心。

所以，儘管他好言說盡，終究還是一些「廢話」而已。因此在求婚時，必須要說一些能夠打動對方芳心的「有用的話」。同樣地，一個上司若想說服部屬，就必須使用「既生動又有用的話」。

※優勢話必須是「精簡有力的話」

優勢的話也必須是短，而意味深長的話才行。

在說服部屬時，可能由於對方一直無法領會瞭解，而必須花費很長的時間，才能說服成功。然而這種「花很長時間的說服」往往很難奏效。因此，真正能抓住對方心理、達成說服的話，往往都不需要太長。

也就是無法觸及心弦的話，若說了太多也等於是「白說」，而對於聽者而言，不但聽不進去，更是徒勞、無效的。

所以，想要有效地說服部屬，最好選擇「短而有力的話」。

※優勢話必須要能提高對方的自尊心

每個人都有很強的自尊心。若自尊心受損，就會使對方產生怨恨而懷有敵意。如此一來，不管你用三寸不爛之舌來說服他，都是徒勞無功的。因為，人一旦緊緊地把心靈封閉，就什麼話也聽不進去。

相反地，若能提高其自尊心，相信心情不但會轉好，且心靈也會因此而打開。心靈若能打開，就很容易接納別人所說的話。

因此，使用「優勢的話」時，必須考慮到別人的心理。也就是慎重地檢討所用的話，是否會提高對方的自尊心，或者是不是傷害到對方的自尊心。

※優勢話可以說是道出對方的弱點

我們提到「優勢的話」除了能夠提高對方的自尊心，更能「指出對方的弱點」。

因為人都不喜歡被人指出自己的弱點。雖然自己腦子裡很清楚「人都有優、缺點，且優點應該多多發揮，缺點則應改進」的道理，但是一旦自己的弱點、缺點被指摘時，心裡滋味還是不好受的，且容易引起反抗的心理。

但是，自己的弱點及缺點若由自己所尊敬的人指出時，卻相反地，一點也不反抗、生氣。並努力朝那個人所提出的忠告及忠言來改進。

所以，使用「優勢的話」，若觸及到對方的弱點及缺點時，就必須先考慮到自己是否被尊敬或信賴的問題。若不怎麼受對方尊敬或信賴時，應該打消使用指出對方弱點及缺點的「優勢的話」，並考慮尋求其他的「優勢的話」。

※採用優勢話時，時機相當重要

說服時，採用「優勢的話」並非任何情況下都可以。發出的時機恰當與否，是非常重要的。

談到說服，往往很重視對方是否能領會接納等問題。而「說服的過程」也是很重要的。所謂「說服的過程」，乃是指說服時循著怎樣的步驟及階段來說服的。要是在這過程中一有差錯，就會影響說服的成功率。

因此，雖然於說服時，考慮要循著如何的過程及步驟是非常重要，然而要在哪個時機說出「優勢的話」，卻是必須最先考慮的。時機一旦發生錯誤，不管你說了多好聽的話，也是無效的。

※同樣一句「優勢話」不能在同一人身上使用二次

在管理者及領導者之中，或許有人曾經因使用「優勢的話」而使說服成功。然而用過的話就不要再使用於同一人身上，因為再一次的使用，成功的機率可說是很渺茫。

若是在很久以前使用過，而對方已遺忘的情形下或許會成功，然而，若是在最近才使用過而再一次使用的話，恐怕不會成功吧！

而「優勢的話」，有如會刺穿對方的心那麼鋒利的槍一般。對於對方而言，不僅會改變其言行舉止，同時也是不易忘記的。

※同樣的優勢話不能使用於別人身上

同樣的一句優勢話不能於同一個人身上使用二次，相同的，同樣一句優勢話也不能使用於別人身上。

但，還是有一些管理者及領導者並不忌諱地認為「每位部屬都是相同的」。然而用於說服某一位部屬的優勢的話，若用於其他部屬時，並不見得有效。

理由是，因為人都有其特色與特點。能力上不但有所差別、性格上也有所差別，還有所需求的也有所不同。所以必須瞭解到在說服部屬時，要使用不同「優勢的話」。

第二章　震撼人心——優勢話的實例集

1 對於年紀稍長者所用的優勢話

※對於工作充滿自信的年長者

優勢的話，雖然並不只限於使用在年長者，然而對年長者卻特別有效。那是因為年長者由於長年累月的工作經驗，使他們對工作充滿自信。對於充滿自信的人你若對他說：「我將把全部工作委託於你，希望你傾全力去做」時，他們必會湧現「好！做做看的慾望及決心。」

使用優勢話，必須讓對方知其動機，而且要將工作完全委任於他。管理者及領導者應避免把工作委任於部屬，卻叮囑部屬應該如此這般地做的事。還有就是部屬開始著手於工作後，乃不時擔心地問對方：「還好嗎？」等無法完全信任的話。

為什麼呢？那是由於「科長雖已把工作完全交給我，卻無法信任我」的心理因素，會導致對方原本很有衝勁要著手去做時，因上司的不信任而削減想做的精力了。因此，若說過要將工作完全委任於部屬時，就應該全權交與部屬去做而不要監視他，不說一些叮囑、擔心的話，應靜靜地等待工作的結果。

【要訣】補充一句「責任由我來扛」會較有效果

通常若是經過「完全委任」的工作，對於達成工作所期望的目的及目標大抵上都沒有什麼問題。然而，若一直無法達成目的及目標時，又該如何呢?在這種情況下，若對工作者說「○○○，你不是說絕對沒有問題嗎?為何食言了呢?」等的話，對方一定會很意氣消沈。

無法達成目的及目標，不僅是部屬的責任，同時也是管理者、領導者的責任。因為在管理原則中，工作若無法達成，責任應由管理者及領導者來負責任。也就是部屬所要負的責任，事實上是上司所傳達下來的，上司不應逃避這項責任。

因此，最好在一開始就告訴對方「責任由我來扛」的話。如此一來，部屬就能很清楚地瞭解一項工作的動機，而在自己的工作崗位上，好好表現達成目標。

※對於年輕人感到自歎弗如的年長者

「年輕人不行的，還是要年長、有經驗的人才行」，若對年長者說這種話，就可達成刺激他們對自我要求的動機。所謂對自我的要求乃是指「希望和別人不同」的慾望，而以「自尊心的要求」為要。

年長者雖說他們經驗較豐富，然而由於他們對於新知的追求並不及年輕人來得積極，故和年輕人比起來，他們的新知要來得少。特別是在追求日新月異的新知時代，他們不得不覺得自己不如年輕人了。然而自己雖說「還是不如年輕人」，但在很多場合中，還是有不願認輸而好逞強的年長者。

對一個在新知與體力方面都無法與年輕人相比的年長說：「這件事交給年輕人不行，只能交託予你」的話時，他會感到「自己的存在受到很高的評價」，而自尊心提高，沈浸於所謂的優越感。

人，一旦有了優越感，具有的潛力就會明顯的表現出來。也就是，一旦擁有優越感，就會湧現自信心，腦筋也動得特別快，平常想不出來的點子就會在一瞬間全部湧現出來。

相反地，若自己感到自卑，就會封閉自己，腦筋也會變得遲鈍。因此，缺乏好點子就無法將工作做好，也容易出錯。

【要訣】分配那個人所能活用其經驗的工作

對年長者說諸如此類的優勢話：「這項工作無法交給年輕人，只能委託你」時，應該要慎重選擇其要委託的工作。若選擇錯誤，就有可能導致相反的效果。

例如，對方要是認為自己並無具備任何新知，且認為自己一定無法勝任這項工作時，若使用這句優勢的話，會導致怎樣的後果呢？

一般而言，年長者都很認命地瞭解到自己並不具備很多新的知識，只會惹人厭、不受歡迎。所以，你一旦給予他一項需要具備很多新知才能完成的工作，且對他說：「這項工作無法交給年輕人，只能委託你」的話時，那些自認為一點新知也沒有的年長者一定會一口回絕你說：「這種事，我一定無法做好。」

所以，在使用這種優勢的話時，必須考慮到那人的能力與性格來選擇所要賦予的使命。也就是要選擇能使年長者所能發揮其經驗的工作。

※年長者希望能夠活用其經驗和觀點時

如上篇所提到的，年長者和年輕人比起來，不僅新知缺乏，且反應較慢，然而他們的閱歷卻很豐富的。也就是說，他們透過過去長久的工作經驗，而體驗到很多事物。所謂閱歷豐富乃是指擁有別人所沒有的智慧。

然而年長者的智慧，並不是透過積極地吸取新知，然後將之活用而得來的，反而是透過經驗慢慢領會得到的。與其說那是智慧，不如說那是一種特有的觀點。

總之，年長者，會因為透過長年累月的經驗，而得到的獨特智慧變成擁有某些觀點。所以，不管在這所謂感性的時代或是一切必須合乎科學、合理的時代也好，都應該還有很多工作需要透過這些年長者的智慧和觀點來完成的。

所以，在賦予年長者任何一項工作上的使命時，若能使用「這項工作，必須仰賴××先生你的經驗」等的話，相信多多少少能激發年長者在工作上的精神。

聽到這句話的年長者，也會因這項工作非我無法成功的緣故，而認定自己的存在價值，進而對自我的要求，並積極地將工作努力地完成。

【要訣】不要特意地強調「經驗」

尊重年長者的經驗雖很重要，然而太過於強調反而會導致不好的效果，這一點必須要注意到。也就是對年長者過分強調「這項工作，一定需要你的經驗」或者是「這項工作，只有仰賴你的經驗」等的話時，年長者可能會因而感到不愉快。

因為年長者對於自己的「經驗」，認為不僅是優點，同時也是缺點。當自己被賦予一項能運用自己的「經驗」且成功地完成這項工作時，就能夠接受自己的「經驗」是個優點而感到滿足。然而，當這項工作無法運用自己的經驗時，就可能認為別人眼裡口中所說的「經驗」，就成為自己的缺點。

因此，在使用這種優勢的話時，就應該仔細地考量所派任的工作是否能使年長者的經驗好好運用。

※於適當的情況下，鼓勵學習新知

在此之前，所提到的都是指年長者之經驗豐富，而根據此經驗，從事於工作以及處理一些人際上的關係。而今所要提到的是，年長者所沒有積極、努力去學習的新知和新技術而言。例如，最近雖已導入文字處理機，卻也不想將其操作用法學習起來。而只會說「英文字母很難」，並想去多記一些外國語言。

這些年長者要是一直抱持著這種學習態度，他們的工作機會將會漸漸減少。因為畢竟在現今這個社會中，事事在變，工作性質也隨之日新月異，若沒有充分具備處理目前工作的必要知識，和學習一些新的技術的話，工作機會減少也是理所當然的。

但是，身為管理者及領導者，也不能因年長者沒有具備新知而置之不用。所以必須讓年長者精通於新知，然後全力配合於工作才行。所以，就必須採用促成其動機的優勢話：「××先生，你若能於你豐富的經驗上，再進修一些新的知識的話，想必對你而言，簡直如虎添翼」等。

如此一來，年長者不僅認為自己的經驗受到肯定，同時也提高其自尊心，隨之而起的是願意去學習一些新知。

【要訣】必須要賦予必須攝取新知、技術的工作

為了使年長者學習新知及新技術，就必須賦予他必須具備新知及新技術的工作。所以

，若他以無法達成目標為藉口回絕時，就必須積極地謀求更多的方法，使他有想要嘗試的意念。換句話說，年長者對於新知、新技術的攝取必須採取勸誘的方式，例如，介紹他看一些有關的參考書籍，及鼓吹他去聽一些外界的演講等等。

※對於擁有領導慾望的年長者時

每個人都有支配的慾望，然而支配的慾望，並不只指位於高處，隨意指使下面的人而言。當然，這種慾望，也算是支配慾的一種，但是身為一個領導者，在領導他人所稱的領導慾望，毋寧說它就是支配慾的一種。

一般年長的部屬，也許他們會因為遇到一些事情，而無法成為正式的領導者，但是想成為領導者而指揮別人的慾望還是很強烈的。

如此一來，對於擁有強烈指導慾望的年長者而言，若希望他能「多多照顧年輕人」的話，我想沒有人會不高興吧！而大部分的人應該會笑容滿面地表現熱烈的態度說：「好的！我會好好指導這些年輕人。」或者說「就交給我來辦好了」等的話。

在這種情況下，能照顧多少人並不是問題，一個人也好，二個人也好，都無所謂。當然，所照顧的人一多，所受到影響的人自然也多，而責任感及慾望也隨之增強。但是，人數的多寡並不是最重要的。最重要的乃是讓年長者感到「自己可以照顧別人」且「自己可以影響到別人」。

【要訣】使用時必須教其對年輕人的指導方法

若對年長者說：「希望對這個人好好照顧」的話時，若你認為他對於年輕人的指導方式非常熟練的話，你大可一言不發地全權交給他去做。然而，要是對於一個在指導年輕人上完全沒有經驗的年長者而言，你必須先教他如何指導年輕人。

在教其年輕人的指導法時，必須先教他怎麼看清所要照顧的年輕人，其所擁有的特徵和特質。然後，先和年輕人聊些最近年輕人最熱門的話題，及談些每個人的個性及能力等的話，相信效果會不錯。

接下來，教之應該如何指導？首先，要明確地指出其指導範圍。例如，在工作方面或者是在人際關係方面，應該明確地劃分其指導範圍。然後就其具體的指導方法，教導其基本的事。

2 對於中堅職員的優勢話

※將任要職的中堅職員

要用一句話來明確說明中堅職員究竟是指怎樣的人極為曖昧。因此，這裡所指的中堅職員，大致上是指進入公司已好幾年，且快要任職於公司要職的人而言吧！

若對於一個將要任職於公司要職的人，你若對他說：「快要成為重要幹部了，可要好好努力喔！」的優勢話時，想必那是非常有效果的。然而對於那些不知還要幾年才能任職公司要職的人而言，若使用此優勢的話，部屬只會很不高興地回覆你說：「只不過是在講一些廢話罷了。」

要是對於真的只差一點點就可擔任公司要職的人而言，若使用此「優勢話」，或許他就會自覺：「啊！我快要擔任要職了，不能不拼命點……」等，如此一來，就加強他對工作的拼勁。

自己若能主動，對事情亦能有所體會，然後對於工作能自動採取配合的慾望，要比靠別人指示，然後漫不經心地工作來得好。所以中堅職員，特別是擔任公司要職可能性最高的人，雖然他們都是非常主動，若能使用此優勢話，相信會收到更佳的效果。

【要訣】不要隨意承諾對方「擔任要職」等事

在使用「快要成為公司的要職人員，得努力些喔！」的優勢話時，必須注意不要隨意承諾對方可以「擔任要職」。因為在很多管理者及領導者當中，為了鼓動中堅職員，而說了「你一定可以擔任要職」的話。然而一旦做了承諾，卻無法使之擔任要職時，不僅會使中堅職員失望，也會憎恨其上司，且不再信賴那上司。一旦和部屬之間的信賴關係破裂的話，就很難再維持和諧的關係，更無法達成工作上的目標。

由於職位的升遷等人事方面的問題，並非管理者及領導者的意向所能決定的。雖可做推薦，然而卻沒有決定權，因此，輕易地下承諾可以顯現出一個領導者及管理者不負責任的態度。故不可以輕易下承諾。

※對於工作不再有新鮮感的中堅職員

中堅職員可以說是一個公司實際事務的中心人物。由於管理者及領導者整日忙於計劃及監督等支配工作，對於實際事務都無法顧及到。因此，公司的實際事務就以中堅職員為中心來執行之。

但是，現在公司的實際事務，進展到某種程度，就可以毫不費力氣地完成工作的話，就會呈現興趣缺缺，毫無起勁的狀態。並且會認為「不需要花很多時間於工作上」吧！

一旦有如此心理狀態的中堅職員時，就必須賦予他重大的計劃案，讓他有衝勁去完成。上司若對他說「這個企劃案，對於公司的前途有很重大的影響，務必交由你來做！」想必打從他心底一定會有「好，我一定去做好！」的意念。

【要訣】注意不能宣稱部屬的功勞為自己的功勞

將大計劃交由中堅職員去訂定時，是經過上面部門的認可而實踐的。所以於完成目標時，相信在一些管理者及領導者之中，可能將這些成果宣稱為自己的功勞。

例如，「我因如何如何地指導○○先生，而使工作順利完成」或者是「我因將工作方針訂定得很好，因此很成功」等，在成功的背後，宣稱自己是居多麼重要的地位。

當然，他所說的或許是事實，然而正確的指導及訂定正確的方針，都只不過是管理者及領導者份內的工作，太過自傲的話反而不好。

從這些管理者及領導者的態度看來，沒有提及立案時的部屬，必會招致其他部屬的瞧不起。如此一來，部屬再也不聽信任何「優勢的話」。

※需要中堅職員擔任交涉工作時

在商場上，代表公司而擔任交涉的工作是經常可見的。而交涉時，對方會針對所要交涉的事做一番說明。但卻常常發現到很多時候都是，若沒有回公司和上司商量的話，無法做決策的情形。於是，對方就會判定「若是由這個人來做交涉的話，是永遠也不會有結果的」，且不想再做任何交談而一點辦法也沒有。

另一方面，前去交涉的人會交涉困難，是因為他沒有決定權。對於對方的詢問，無法明確地回答「如此這般等等」。因此，只好回答對方說：「若沒有回公司和上司商量的話，無法做決定。」

這種交涉的方法，雖然可以和對方做表面上的應付，也可存有信賴關係。但是若要交涉成功的話，還是有待努力的。所以，若希望交涉可以圓滿解決，賦予交涉者擁有絕對的決定權，是非常重要的。

在交涉時，一般還是考慮到經驗等問題。所以採用公司的中堅職員的情形較多。而中堅職員代表公司行使交涉時，使用如「將全權委任於你，希望你好好地完成這項交涉」等的話。相信會強烈地刺激他的自尊心。

【要訣】應先考量部屬的能力而選擇其工作

在全權委任於交涉者時，必須先仔細檢討其交涉的重要性及困難性。若認為可以委託時就完全委任之。若認為交涉者的力量，無法勝任如此重大、困難的案件時，即使你委任於那個部屬，他也會回絕的。

所以，先要正確地把握住擔任交涉的中堅職員力量。然後，再將其交涉的重要性及難易度做一番考核，認為中堅職員的力量，可以完全掌握交涉的成功與否之後，再使用此優勢的話。而此優勢的話，雖最適合於交涉場合，但並不只限用於此場合，其他工作場合亦有效。

※對於部屬的指導必須託人代理時

訓練部屬是管理者及領導者重要的任務之一，即對部屬的教育和指導。如同計劃、審核、檢查為重要的管理機能。因此，在人事的考核表上，也有審查對於訓練部屬的能力鑑定。

對於部屬的教育及指導，雖為管理者及領導者的責任，然而在很多因素下，還是有很多人無法做好。那是由於管理者及領導者本來就很忙，所以，對於部屬的教育及指導簡直是騰不開手。如此一來，不得不將此責任委託別人來代行。

一般代理者，通常請年長者或中堅職員來代理。在前面我們已提過使用「希望多多照顧年輕人」的優勢話而很有效。然而對於中堅職員而言，用此優勢話雖可，但是由於是中堅職員，還是考慮選擇其他的優勢優勢話。

那麼，在此我們就採用「請代替我指導○先生好嗎？」的優勢話。

「代替我」言下之義如「身為管理者（領導者）的我，雖必須對○先生做某方面的教育及指導，但由於還有其他事要忙，希望能代替我將這方面的事做好」的意思。

也就是，讓中堅職員能瞭解到自己在做「管理者（領導者）的工作」，而更感到其責任感，就會將工作努力做好。

【要訣】必須公開聲明負責教育、指導的代理者

由中堅職員代理於部屬的教育及指導時，應注意到必須明確地告訴被教育者他們將接受某人的指導。若沒有做說明的話，被教育者就會對身為指導者的中堅職員產生「你有什麼權利來指導我呢？」的疑問，或許就無法同意接受他的指導。因此，若對部屬的教育及指導必須請人代理時，則先將情形說明。而一旦公開做說明，不僅被教育者他們會認同中堅職員的權威，同時中堅職員也會認為自己被賦予權威。

如此一來，上述優勢的話，最好於集合部屬的會議及早會中，人員眾多時使用效果會更好。

※中堅職員生孩子時

中堅職員，一般的年齡以二十多歲到三十多歲居多。而在這個時期，往往是結婚生子的年齡。雖然我們通常會在職員生孩子時，祝福他說：「恭禧了」，然而光是一句「恭禧了」是不夠的。

身為一個管理者及領導者的人，不僅要說「恭禧了」，還應該加一句「為了孩子，可要拼命地幹喔！」而中堅職員從管理者及領導者口中，聽了這麼一句話，就會想說：「啊！是的，為了孩子，我不努力不行了！」

而事實上，凡人都會「因某人而努力」。而「某人」可能是指自己最親近的人，或者是自己最愛的人。而結婚之後，可能是為「妻子」，生小孩時，就可能變成「小孩」了。但一般，為「小孩」都要比為誰的意念來得強烈。那是由於很多人每次疲憊地回到家時，只要看到小孩天真無邪的睡臉，就把疲勞一股腦地拋於後，心想「明天要更努力」。

因此，身為一個管理者及領導者，在中堅職員生孩子時，不妨對他說：「為了孩子，你可要拼命幹喔！」相信效果會更好。

【要訣】必須注意到不要做任何家庭主義的批評和攻擊

「為了孩子，你可要拼命喔！」其意思就是「為了孩子，你在工作上，就必須更加拼命！」。然而還是有很多人，因為孩子而疏忽掉工作。

例如，很多人會為了「孩子生病而請假」或者是「因孩子生日，而想休假」。而聽到這些話的管理者及領導者就會認為：「到底是工作重要？還是孩子重要呢？」

所以，畢竟還是有很多管理者及領導者，會對於工作始終抱著熱忱的態度而說出諸如此類話的衝動，卻沒有想到一些以家庭、家人為重的人。

但是，社會上漸漸趨向於認為個人比工作還重要的個人主義。認為對工作專注不再是一種好的生活方式。因此，若認為只有工作才是最重要者，不應再批評及攻擊所謂重視家庭觀者，而應予於他們更大的寬容。

3 對於年輕人的優勢話

※希望靈活運用年輕人的年輕及機靈時

對於「年輕」的定義，因人而異。所謂年輕人，有些年輕人會認為「只要這樣就好」，而有些年輕人則認為「自己的將來，充滿希望與朝氣」。至於「年輕」這東西，可能自己在年輕時並未瞭解所指為何，一旦自己不再年輕時，或許才能真正體會「年輕」究竟為何物！

對於已喪失「年輕」的管理者及領導者而言，要管理起年輕一代的職員，並非一件易事。更何況，對於最近所謂「新人類」的年輕人，要如何管理及指導才好的問題，令很多管理者及領導者感到相當苦惱。甚至有些人認為「年輕一輩簡直是怪物，令人百思不解！」地搖頭歎氣。

無法理解年輕人究竟在想些什麼，這是理所當然之事。因為不管那年齡層的人，都無法對一個人徹底地瞭解。所以，不應該認為必須對年輕人做一番瞭解之後，才能管理、指導之。

但無論如何，由於他們是年輕人，所以必須將一切管理及指導訴諸於「年輕」。也就是，在託予他們任何事時，試著對他們說：「試著運用你們的本錢。」如此一來，他們也會產生「自己是年輕人，而想運用自己的年輕想法及活力做做看」的心理。

【要訣】對他們的工作態度不要太囉嗦

當你對年輕人說：「試著運用你們的本錢」時，年輕人一定興緻勃勃地想把事情做好。而他們也會憑著自己所擁有的活力及想法，將上司所派任的工作做好。但是，或許你還是會很不放心地在旁焦急著。

然而，你必須瞭解，所有的焦急及不安都不需要。而且你要是這時候想給予他們任何意見，都是沒有用的。因為你要是在這時候說「這不行！」「那不行！」的話，就會削減他們工作的精力與熱度。如同正在燃燒的熱情，被澆了冷水一般。所以，毋寧睜一隻眼閉一隻眼的好。

當然最重要的還是在使用此優勢話時，給予的工作。最好是，即使因年輕人的狂妄或失敗，也不會有太大影響的工作。

※希望靈活運用年輕人的年輕及機靈時

年輕人的感覺是非常敏銳的。尤其對事物的敏感度特別強，那可以說是年輕人最大的優勢。

通常我們會認為「隨著年齡的增長，辨別的能力會更佳」，但在這本書卻認為「人，是愈老視覺能力愈差」。

人，一旦出了社會，會隨著種種的學習及經驗的累積而對於人世間的道理，漸漸地了悟。一般人剛開始，會認為自己的想法及意見才是最正確的，但是透過很多人而漸漸地瞭解到自己的想法及意見已落伍、不管用了，於是自己的意見及想法就融入周遭的人當中。

年輕人所持有的意見及想法大都憑感覺。但漸漸地會隨著年齡的增長而不再感覺，憑理性來做判斷。這就是所謂的辨別。

但是，在年輕人的腦子裡，完全沒有所謂辨別及理性的想法。他們的最大特徵就是任何意見及想法都是憑感覺直接產生的，所謂的感性就是由此而來的。

這個時代也流行所謂的「感性時代」，對於商業及產品的開發方面，也要求所謂的感性。因此，能靈活運用年輕人所擁有的感覺是非常重要的，在商品開發的企劃案上，仰賴年輕人的參與也是必要的。

【要訣】不能以理性去評斷感覺

年輕人一旦被上司委託憑藉自己的感覺參與企劃時，就會完全憑藉自己的感覺而湧現出很多想法，然後將這些想法做為一個企劃的基礎。當然，對於這些想法，還是要經過上司的評定。也就是審查這個企劃是好或壞，而審查就是一項問題。

那是由於管理者及領導者都是以理性去評定。也就是依理論及道理來評判這個企劃「是好」抑或「不行」。

但是，用感性想出來的東西若用理性去評定的話，或許有待商榷。

事實上，要評定憑感覺行動的東西原本就很難了。所謂憑感覺而行動的東西，乃是被人的喜好及美的意識等所左右，所以沒有客觀的評定標準。因此，根據一些理論及道理來做評定的話，就不太適宜。對於年輕人所提出的企劃案，應憑著和年輕人相同水準的感性來評定才是。

※希望靈活運用年輕人的感覺和活力時

對於解決、處理工作時所發生的問題是管理者及領導者的職務。在今日，管理逐日多樣化及複雜化，且在周遭企業環境激烈變化的情形下，問題的發生已日趨增多。因此，對於問題的處理及解決，成為管理者及領導者非常重要的事！

問題一旦繁多，對於到底出了什麼問題，恐怕無法看清問題本身是出於哪裡。還有，過於繁多而想早日把問題處理及解決好，卻往往忽略查清其原因。

人一旦對於工作環境及工作熟悉之後，就會感到沒有新鮮感。有些事情原先可以看清楚的也變得看不到了。因此對於問題的發生，不但無法查覺到且無法找出問題的原因。

對於那些還未感到疲乏的年輕人而言，他們由於較能自由地、大膽地表達自己的思想，故較能看到事物的某一面。也就是比工作時間較久的人而言，較能以好奇的眼光去看一些事物及判斷一些事物。換句話說，他們所說的拘束較少。

於是，藉著年輕人的活力而對他們說：「希望藉你們好奇、新鮮的眼光來檢討！」這是由於管理者及領導者，原先希望他們應做的事委託年輕人來做，而激發他們想做的衝動。所以，他們應該會感到「自己的存在受肯定」而積極地配合。如此一來，管理者及領導者所想不出來的想法及意見，也就這樣產生了！

【要訣】對於年輕人的意見及想法不能有任何責難

例如，你若對他們說：「希望你能以你的眼光，道出工作時有怎樣的問題存在？」時，年輕人就會依他的觀點而提出種種問題。而這時候可能問題點會觸及管理者及領導者，然而即使問題點觸及於管理者及領導者也不能予以責罵。

雖說如此，還是有很多管理者及領導者會以很憤怒、不愉快的口吻問道：「真的有這回事嗎？你推測錯了吧！」或者是「這和我無關！」等等的話。

希望別人自由地發言，一旦別人說出反而不高興。這種行為一點也沒有大人氣派，這是不行的。而且，恐怕他們再也不會隨意亂講話了。

※畏懼失敗而變得消極的年輕人

凡人都很怕失敗。那是由於若失敗就會遭受上司的指責。甚至認為失敗是一種恥辱，同時也會傷害自尊心。因此，對於失敗過的事就不想再做任何補救的工作，找一些理由逃避，這或許是人之常情吧！

但是，年輕人就不一樣了，對於進入公司時間較短的年輕人而言，由於還不算是正式的職員，失敗是被允許的。

因為要成為一個正式的職員，必須從不斷的失敗中學習且必須將如何才不會失敗的智慧攝取並充實自己。所以，所謂「從失敗中學習」是非常重要的。換句話說，「失敗」是成為正式職員時的「最佳老師」。

在交付年輕人任何事情時，必須使用令年輕人感到興奮的優勢話，「失敗也沒關係，總之，全力以赴試試看」。這對於「未老先衰」的年輕人是最有效的。

這句優勢話以後半句「全力以赴試試看」最重要，因為若全力以赴而失敗是可原諒，然而若因偷懶而失敗則是不被允許的。

【要訣】應注意從失敗中，檢討所學為何

對年輕部屬說「失敗也沒關係，總之，全力以赴試試看！」時，若如所預料一般地失敗時，管理者及領導者應採取怎樣的態度。

若笑著說：「沒關係！沒關係！」的話，那可以說是普通的管理者及領導者。明智的管理者及領導者通常會檢討該「從失敗中學習到什麼」。也就是，會詢問部屬「從失敗中學習到什麼？」及如何接受失敗的事實？是否將其失敗的原因認真地分析過？或者想出不再失敗的關鍵等。

如此一來，其部屬若能真正反省失敗的原因，且對於往後的工作採取積極的態度，那才可喜。而這也是一個明智的管理者及領導者應有的做事方法。

※對於以「樂趣」來評斷工作價值的年輕人

對於工作價值的評斷，可以從很多角度來看。有人認為責任多的工作有價值，也有人認為做使他人愉快的工作有價值。而年輕人往往以所謂「樂趣」的角度來評斷一件工作的價值。

雖然有一些管理者及領導者認為不能完全以「樂趣」來評斷一件工作的價值。但事實上，很多的年輕人乃以「樂趣」來評定一件工作的價值。怎樣的工作才算有趣呢？這是因人而異，無法確定。

但是，一般年輕人自己本身也不瞭解所謂「樂趣」為何，所以，也無法做很明確的回答。於是，你必須使用所謂「工作的樂趣需要自己去尋找」的優勢話。也就是，必須告訴年輕人要試著去做任何事才能體會其中樂趣，也唯有做過的人才能真正瞭解到那個工作的「樂趣」所在。

【要訣】必須告訴他們工作上有趣的一面

年輕人常常會因為認為沒有樂趣，而使自己也削弱了勸誘的決心。如同部屬對於機械化的工作感到毫無生氣。一點工作幹勁都沒有時，你就必須告訴他「工作應可改善的」，而特意地強調其有趣的另一面。

4 對於閱歷豐富的女性所使用的優勢話

※經驗豐富，閱歷久的女性

最近愈來愈多的女性不願結婚而長期工作，或者是結了婚還繼續工作。也就是資深女職員愈來愈多。所以管理者及領導者，必須認真地研究如何管理現今的資深女職員。

從前的企業對於從事勞動的女性，都採取冷淡漠視的態度。那是由於他們視女性為「工作時的花」，往往只是輔助男性的工作。

但是，自從男女雇用機會均等法成立，「感性時代」的到來，運用女性的感性變為必要，才開始認同女性積極的工作精神。

雖然這種趨勢的形成，最主要的是將社會的制度與政策重新做一番評估及改革之外，最重要的還是要靠管理者及領導者的水準來力求女性部屬對工作上的貢獻。特別是對於資深的女性部屬，可以採用「這件工作請以妳為主去做」的優勢話，會很有效用的。

【要訣】先將工作方向確定引導達成目標

對資深女性說「這件工作請以你為主而做」時，就是指那件工作由很多人執行，而以資深女性為領導人物實行工作的進展。

也就是由資深女性身為領導人物，率領很多同事從事於工作。那不僅可以刺激她的支配慾，同時也滿足她對自我實現的慾望。

但是，真正能滿足她們自我實現慾望的是工作能順利完成。所以管理者必須將工作方向確定好，然後致力於目標的達成。當然，最好時常予以鼓勵及忠告。

※非常女性化的資深女性

要是女性可以做的工作，男性最好不要獨占，也就是女性能做的工作，應該慢慢交由女性來擔任。

從前，一般較負責任性的工作都交由男性來擔任，而較沒有責任性屬於輔助性的工作則交由女性來做。然而，如今這種事應該有所改變。必須不分男女，而應根據能力的具有與否來分配工作量。

雖說如此，工作之中還是有一些工作需要女性的特性來執行。例如，屬於女性的商品及計劃，還有實行商品化計劃的部門，還是要依賴女性的特性。

遇到這種工作要女性執行時，可以使用「這件工作，由於妳是女性而只能委託於妳」的優勢話。

【要訣】必須注意到兩點

在使用此優勢話應該注意到有時候管理者及領導者認為這項工作很適合女性的，但往往有些資深女性則不這麼認為。

例如，需要較細心的工作，可能會認為女性較能勝任，而對她們說：「這項工作，只有委託妳」時，可能就有一些資深的女性職員會認為為什麼「細心」才是女性的特性？而我本身真的具有這種特性嗎？

所以，在使用這種優勢話時，必須注意到兩點：一、仔細研判這項工作是否真的適合女性？二、其特性是否為所委派的資深女職員所擁有？如此一來，認定「沒問題」了，方可使用此優勢話。

※對於晚輩的指導非常積極的資深女職員

能教育及指導別人是一件非常榮譽的事。而且從眾人之中被選為指導者，更是令人感到非常光榮。也就是刺激其榮譽感，使之用心於教育及指導上。因此，必須讓年長者及中堅職員，參與對於年輕一代的教育及指導。

同樣地，資深的女職員也可以參與此項工作。她們由以往的經驗，獲得很多知識和技術，而很多人都希望透過她們的經驗，將自己的知識及技術傳授於別人。

事實上，很多資深的女職員對於一些分配和自己相同工作崗位的年輕女性，即使沒有上司的特別叮嚀也會教她們。也就是，她們都會自動自發地教一些新伙伴。但是，她們的主動往往會引起年輕女性的反感。

那是由於資深女職員沒有經過上司正式的任命，當然無法擔負起領導者的職責。而年輕女性則會很疑惑地問：「你有什麼權利這麼做呢？」如此一來，太過主動的資深女職員反而變成多管閒事，自打嘴巴了！

所以，身為一個管理者及領導者，必須在年輕女性面前，正式宣佈「由某人來擔任領導的職務」，如此一來，領導人物的權威就應該可以被認可。

【要訣】應提醒她們要從整體上教起

一般由女性擔任指導人物時，往往對於小細節比較注重，而對於整體的事物及基本的原理、原則，則無法有系統地教授。

也就是對於一件工作，往往會教別人「這麼做、那麼做」等細節方法，而其根據什麼原理及原則便不加以說明。換句話說，對於如何從整體上有系統地指導較為不擅長。

因此，管理者及領導者對於身為領導人物的資深女職員，應多加以指示如何指導！

前面所提過的，大多的女性都常做輔助性的工作，但是，那往往是某件工作的一部份及小細節而已。對於這種工作，往往做完都無法感受到一件工作的完整性，所以做起來也意興闌珊。

所謂對一件工作會感到成就感，就是對一件工作能完全做好。換句話說，做一件由計劃到實施及審查都是由自由完成的工作，才會感到成就感。

一般而言，計劃及審查通常由管理者及領導者來執行。而部屬則從事執行的工作。也就是部屬根據上司的計劃去實行，然後再將成果交由上司來審查。

但若能將計劃及審查等工作完全交由部屬去做的話，部屬就很容易感到這是一件責任很重大的工作，而能滿足他們想要好好自我表現一番的慾望。因此，身為一個管理者及領導者，應時常給予部屬不分男女某方面程度的工作，讓他們感到自己是在做一件很完整的工作而不是局部的。尤其對於資深的女職員更應該如此。使用的優勢話為「對於這件工作，從頭至尾完全交由你來做」。

【要訣】在訂定計劃時應多加以指導

在計劃與審查二種機能當中以計劃較難，而且對於習慣於接受上司的指示而行事的資深女職員而言，一時給予她們如此一貫的工作時，或許有些人會認為「這麼難的工作我一定不行的」。

對於這種女性，可以對她們說：「是這樣的嗎?妳們真的不行嗎?」而不要輕易放棄，且幫她們訂定計劃。若以易懂的方法教她們訂定計劃及設定目標，相信她們就不再覺得困難，甚至可以做得很好。

※希望交給資深女職員富有責任性的工作

對於商人而言出差是常有的事，但是出差一直為男人的專屬品，女性一點也沒有機會。自從實施男女雇用機會均等法以來，應積極讓女性有出差工作的機會。

出差是代表公司去訪問對方，並做商談及交涉的工作。由於是代表公司，所以被授予處理、解決商談及交涉的權力，由於被授予權力，部屬就有一股想做好的衝勁，更何況未出過差的資深女職員，她們之想出差的程度應可想而知。

由於心中充滿「自己是代表公司而出差」的意念，對於所賦予的工作就有一股極力做好的慾望。

況且，對於要前往出差的地方，可能還未去過，對那兒充滿好奇心。相信很多資深的女職員一旦被派出差時，一定很想知道要去的地方是一個怎樣的地方，而去購買有關那兒的地圖及導遊手冊，做事前的一番調查與學習。

如此一來，對於那些未出過差的資深女職員而言，出差不僅可以鼓舞她們對工作的熱忱，同時也讓她們認識新的地方、世界和人，可以說是擴展了她們的視野範圍。相信這些對於她們往後的處事態度有很大的影響。

【要訣】應協助她們去除出差時所發生的不安

對於未出過差的資深女職員而言，突然要她們出差辦事，心中雖興奮但還是會感到不安。因為無論如何，自己是代表公司去從事商談與交涉，責任是很重大的。如此一來，可能就會有人認為「自己恐怕不行」。

加上對於沒有去過的地方，由女性一個人獨自前往時也會不安。可能擔心到「人生地不熟，萬一和對方約的時間及地點無法及時趕到」等問題。

那時候，怎麼幫助她們去除這種不安與擔心，就是管理者及領導者的責任。例如，這時應鼓勵她們說「你要是很謹慎的話，就沒關係」或者「凡事總要試試看才知道，你若實際去做的話，心中的不安及擔心就會很神奇地消失了」等的話。

5 對於年輕女性的優勢話

※年輕女性被分配至自己的工作崗位時

剛從學校畢業而開始面對就業的年輕女性，往往對於自己的上司是怎樣的人感到不安。也就是，對於上司會持有「是不是壞人？」「他會在工作上好好指導我嗎？」或者是「他對於女性部屬會不會有待遇差別？」等等的不安。

在這些不安當中，以「上司是否對女性部屬會待遇差別？」的不安，會影響她們工作的情緒。一旦她們持著這種不安而進入公司做事，且事實上發現她們的上司對女性確實有不公平的待遇時，就無法激起她們工作的慾望。

此時不管你用了什麼優勢話，都無法再改變她們的心意！如此一來，她們再也不會自發自動地做事，就會變成所謂的「依賴指示族」。

所以，在年輕女性新進入此工作單位時，應事先明確地向她們說明：「我分配工作的原則是不分男女」及「女孩子也可做男孩子的工作」等的話。

既然已事先言明「我分配工作的原則是男女不分」，就應該要實際做到。若已說了這些話，卻還是交給年輕女性屬於輔助性的工作時，她們就會認為「言行不一」而喪失工作情緒。

這種言行不一，往往是造成阻礙上司和部屬之間信賴關係的最大原因。尤其對於感受性特別強烈的年輕女性而言，對於上司的不信任是一個非常嚴重的現象。

因此，若公開說明：「我分配工作的原則是男女不分」，就必須實際去做。例如，輔助性的工作不見得都要交給年輕女性來做，也可以交由年輕男性去做。若對工作已很熟悉時，也可以將一些男孩子的工作交給她們做，如此一來，才能真正激發她們工作的情緒。

※雜事及輔助性工作需要年輕女性來做時

一般而言，不管在任何工作單位上，雜事及輔助性的工作大都由年輕女性來擔任的多。當然，要是以女性為主的工作單位，是做一些較有責任性的工作，但在男性較多的工作單位時，不管怎樣，雜事及一些輔助性的工作還是要交由女性來做。

但事實上，一旦有雜事及輔助性的工作，不管誰都必須去做。但有時候由於這工作較適合於女性來做，就由女孩子來做。但這並不表示這些工作交由女孩子來做是應該的，而應該將交託的原因、理由說明，且讓她瞭解到這件工作的重要性，以及不能不做的重要性才對。

所以，這時候就可以使用「妳的工作是如此這般地重要」的優勢話。再針對此優勢話中「如此這般地」方面，將這項工作的重要性加以說明其理由及因果關係。

【要訣】使其了解工作的重要性及因果關係激發其工作情緒

我們通常要瞭解一項工作的理由、因果關係及目的時，就會採取行動行事。那是由於人都會有所謂的行動目標。也就是說，人為了要達成目的及目標而有所行動。

換句話說，目的及目標一旦不夠明確時，人就不知要從哪個方向著手，也不知如何去做才好，而只有茫茫然行屍走肉罷了，當別人言右就往右、言左就往左，一點也沒有自己的自主性。而從事於雜事及輔助性工作的年輕女性，就如同上述一般。對於這些工作，只是照著指示，很機械化地行事，所以做得一點也不起勁。

※雜事及輔助性工作需要年輕女性來做時

前面我們所提到的一般的雜事及輔助性工作往往交由年輕女性來做，但是，必須對她們說明為何要做這項工作？及它的必要性及重要性。

和說明工夫同樣重要的，是對於做雜事及輔助性工作的年輕女性要表示感謝的心意。因為不是對於所做的雜事及輔助性工作的原因及目的加以說明就算了。也就是說你要是認為年輕女性做這些雜事及輔助性的工作是應該的話，她們可能就會不太願意做了。

當你拜託她們「倒杯咖啡」及「請她們幫你打字」時，她們或許會很不情願地回答你：「好！」也有可能以「我還有其他事要忙」的藉口而不願接受的態度。

若改變一下態度，當你需要她們幫你做一些雜事及輔助性工作時，她們一定很願意幫你做。例如，你的語氣可以採取「由於做不完，能不能麻煩一下……」或是「由於太忙，能不能請你……」等很有禮貌的態度，我想更有效果的說法則為「不要這麼不高興嘛！謝謝妳幫我這個忙」，那是由於說這句話時充滿感激的心情。一旦你心存感激，對方也就感到心情更好。自己就會覺得自己被人感謝，而更用心去幫別人做。

在使用上述的優勢話時，若想更進一步表示自己感謝的心情，可以邀她一同去用餐，效果會更好。

也就是，感謝的心情不只透過言語表達，也可以透過行動來表示。而往往這種表示方式會感受來得強烈，一旦感受更加強烈，所激發的工作情緒也愈強。

但若要邀請一同進餐時，儘可能邀多一些人一同前往，若職員只有年輕女性一個人的話，最好邀課長和股長一同前往。

※缺乏自我開發的年輕女性

女性通常比男性缺乏自我開發潛在能力的意願，那有很多原因存在。

原因之一是由於女性通常工作一陣子之後，就要面臨結婚生子的問題，進而停止工作走入家庭，因此，對於商業上所應具有的知識並不會特意去吸收，且不會認為自己的能力充實是很重要的。那是由於她們認為，反正將來也用不著，就不想做進一步的學習。

而第二個理由則是，她們認為即使對自我開發而使能力增強，也無法將這份能力運用於所委任的工作。而事實上，一般女性往往只做一些不需要太多能力的雜事及輔助性的工作。從這情形看來，年輕女性就會覺得「自己即使很努力學習進修，也無法從事重大的工作」而不再積極於對自我能力的開發。

因此，為了謀求女性工作者能將所擁有的能力活用於工作上，就必須讓他們對自我的能力有所開發。因此，採用的優勢話為「妳擁有這份才能，應將它發揮出來」。

【要訣】應具體地指出她應該發揮的能力

在「妳擁有這份才能，應將它發揮出來」這句優勢話當中，最重要的是具體地指出她擁有哪方面的才能，而應儘量地將它發揮。

一般而言，對於不想自我能力開發的年輕女性，管理者及領導者通常會對她們說：「不要光只會玩，努力學習好嗎？」或許他們是希望刺激年輕女性對於自我能力開發及學習的慾望，但事實上卻得到反效果。

那是由於管理者及領導者一提到「光只會玩」等話，就很容易引起年輕女性的反感。雖然管理者將事實指出，但她們卻不願意事實被指出，因而感到反感。第二個理由，則是由於雖希望她們「努力學習」，卻沒有將如何學習及方向明確地告訴她們。那麼，她們或許就不會想去學習了吧！

所以，必須具體地指出年輕女性所具有的特殊才能，然後鼓勵她們發揮自己的潛能。

※年輕女性接待來訪客人時

在公司，往往會有很多人來訪。若一個公司有受過訓練的接待員，對於來訪者的接待及介紹則由專任接待員來執行，但若沒有專任的接待員，通常由公司的女性職員來擔任接待來訪者的工作。

也就是，當拜訪者蒞臨公司時，首先由女性職員前去詢問來訪的用意，一方面替他傳達指名要找的人，同時請他到會客室稍候，然後再以茶點待客。

來訪者若感到女性職員的接待很親切，就會覺得心情愉快。心情一旦覺得很好，對於很難達成的商談及交涉就會變得愉快。但是，若接待不夠好時，對方就會感到氣憤。特別是言行舉止過於放肆時，會懷疑這個公司對於女性職員的教育到底採取怎樣的方式。

所以，女性職員對於來訪者的接待態度，都會影響到來訪者的情緒及交易的成功與否？因此，身為一個管理者及領導者，必須對於年輕女性在應對的方法上多加指導才行。

指導她們留給來訪者深刻良好的印象是特別重要的。當你對她們說：「××先生（指來訪者），對妳的應對態度有很好的評價」時，特別有效用。

女性職員聽到此番話時心中就會感到很高興，在下次就會以更愉快、親切的態度對待來訪者。

【要訣】應多褒獎其應對的態度

當來訪者告訴所訪問公司的管理者：「貴公司的女性職員的接待，覺得真好。」你可以對年輕女性說：「××先生，對你的應對態度，有很好的評價。」但是來訪者若沒有如此說時，管理者及領導者可以根據觀察判斷，若覺得不錯便可以嘗試告訴她們。

例如，可以誇讚她說：「你接待得非常好」或者是「你以笑容來接待訪客非常好」等。因為年輕女性一旦被誇讚，態度就不會太壞，而且她們會為了求更好的接待方式而尋求更好的方法。

相反地，對於那些接待態度真的很差的年輕女性而言，就必須明白地指出她們哪裡不對，應如何改進才是。

6 對於工作失敗而消沈的部屬所使用的優勢話

※很在意失敗而意志消沈的部屬

在長期擔任職員的生活下，不論誰都會因重大的失敗而提出離職的要求。而此時間，小失敗恐怕已不可數。

人並非萬能之神，故失敗乃是理所當然的。而失敗也不是沒有原因，因此，有些人會很在意失敗。但是還是有些人即使失敗了，也不會去在意。在意失敗的人當中，有些人則因為失敗而變得意志消沈，故無法專心於工作。

對於這些意志消沈的部屬，並不能置之不管。由於每一個工作單位都有其工作目標，而每個部屬都必須努力朝這個目標邁進。因此一旦意志消沈，無法專心於工作的部屬變成在扯周圍的人的後腿。

對於意志消沈的部屬所使用的優勢話為「不論誰都會失敗，最重要的是，不要再重複同樣的失敗」。

這種優勢的話，較適合於剛進入公司的年輕女性職員。年輕的部屬，若因為失敗而感到十分沮喪時，使用此優勢話，一定可以使他們重新恢復精力而更加用心於工作。

【要訣】重複同樣的失敗，則嚴厲責罵

由於是「不要再重複同樣的失敗」，所以一般人，於失敗中都會記取失敗的教訓。然而這當中還是有些人並無法從失敗中真正學習到失敗的教訓。而重複同樣的失敗，對於這種人就必須嚴厲地叱責，決不能縱容。

責罵時，最重要的是希望對方能真正反省失敗的原因，且針對如何才能避免失敗加以說明。

但責罵並非怒罵。怒罵是非常情緒化地責備對方的錯，而責罵則是以理性的行為來責備對方的錯，若以怒罵對之，只會令對方感到退縮及反感而已。

※因在意失敗而感到意氣消沈的部屬

工作上的失敗可以分很多種。有些失敗會對公司造成莫大的損害，有些只是小過錯的失敗，所以大致可以分為「允許失敗」及「不允許失敗」等兩種。

所謂「允許失敗」，是指本身已很拼命地努力去做，卻還是失敗，或者是失敗的原因和本身並沒有直接的關係而言。

所謂「不允許失敗」是指不怎麼努力，且注意力及集中力都很散漫，一副懶懶散散地做事。當然會如預料中的失敗，這種失敗往往是不可原諒的。

不管「允許失敗」或者是「不允許失敗」則由管理者及領導者來判定，也就是管理者及領導者在部屬失敗時，必須從經營管理的各方面檢討中，來判斷其失敗是為「允許失敗」或者是「不允許失敗」。

判斷之後的結果若為「允許失敗」，則可使用「你這次的失敗是可以原諒的，所以不要太在意」的優勢話。而這些因失敗而內心感到自責的部屬，會因上司說了這種話而心中如掉了一塊重石般地感到舒服多了，且會認為「嗯！我不再悶悶不樂而應再加油努力」。

【要訣】應注意：若為「不允許失敗」該如何才好

上述的優勢話只適用於「允許失敗」的失敗，然而對於「不允許失敗」的失敗，則應該如何才好呢？

部屬的失敗若為「不允許失敗」時，必須很明確地告訴部屬為何其失敗是不可原諒的。也就是，管理者及領導者必須將自己做為判斷此失敗，是為「允許失敗」或者是「不允許失敗」的理由及根據明確地說給部屬瞭解。

若沒有將「不允許失敗」的原因及理由明確地指出，只是大聲叱罵「你的失敗是不可原諒」的話，可能沒有什麼益處。雖然部屬會因此而多多少少反省自己為何會失敗，但是並不會因此認為今後都不會再犯。

另一種對策，則是教部屬不會失敗的方法，也就是，指導他們怎樣才不會失敗的具體方法及應注意的地方。

※很在意失敗而感到意志消沈的部屬

由感到「失敗是可恥的」，進而認為「應從失敗中學習到什麼，而做為往後的參考」

，這種心態變化可說是很快的。

一旦認為「失敗是很可恥」的，就會變得意志消沈，而且會因為太在意失敗而無法專心於其他工作。做一件事就會常常擔心「會不會再失敗？若失敗了就會很丟臉」，對於任何一件事就會變得很消極。

相對地，若認為「從失敗中可以學習到什麼，且做為往後的參考」時，對於任何事情都會感到很積極地去做，而希望不要再重複相同的失敗。不僅如此，對於任何事情都會費一番創意的工夫。如此一來，就可激發自己種種的能力與資質。

這兩者對於失敗後所採取的態度，以後者較為明智。因此，身為一個管理者及領導者對於部屬失敗時，必須指導他們對於失敗應抱持從失敗中學習，而做為往後的參考的積極態度。

特別是看到年輕人及中堅職員因失敗而意志消沈時，若使用「人會因失敗而更加成長」的優勢話，他們應該會從失意中而突然覺悟。

一旦覺悟「人是由不斷的失敗中而更加成長」時就不再悶悶不樂，且對於新的工作有重新再來的興緻。

【要訣】若無法使他們情緒恢復時可以試著談自己的經驗

若使用「人會因失敗而更加成長」而無法使對方明確地瞭解及恢復情緒時，可以嘗試談談自己的體驗。還是不行時，則可以舉出一些足以證明這句優勢話的小故事，或許會有很不錯的效果。

也就是管理者及領導者，可以嘗試談談自己曾經遇到怎樣的失敗及錯誤，而當時自己的心情又是如何？從失敗及錯誤中又學到什麼？如何將那些教訓運用於往後的工作等。

而往往經驗談及實際發生的事情，要來得有說服力。因為部屬一聽到課長年輕時也曾經那樣時，會感到很訝異且覺得很有親切感。於是，自己也覺得應該記取失敗的教訓而重新再來。

※由於失敗而深感可恥的部屬

工作一旦失敗，通常會責備自己是個「無用的人」，不僅會有自責的心理且很在乎別人的看法。也就是說，工作一旦失敗，就會很在乎「周圍的人，或許會講話吧！」

之所以會那麼在乎別人的看法，多多少少是由於傳統文化中的「羞恥文化」關係。所謂「羞恥的文化」就是一切行動都必須從「羞恥」的觀點中來判定?

所以，於工作失敗時就會感到羞恥，而周圍的人若又提起此話題時更會覺得羞恥。即使別人不談及，就憑著別人的表情也可以感覺得出來。

特別是容易感到羞恥的人，即使他的失敗是微不足道且為可以原諒的失敗，他也會覺得很可恥而變得意志消沈。對於這類的部屬，可以嘗試使用「那只是你這麼認為，別人並不在乎你的失敗」的優勢話，相信對於部屬會有很大的幫助。

【要訣】引導他們去除心中的羞恥

對於失敗會感到可恥雖然並非一件壞事，但是，若太在意的話只會對工作產生不良的影響。例如：會變得不喜歡在太多人面前說話，且在出席會議時也會擔心說出自己的想法及意見，不知道別人會怎麼想而往往不敢開口。踫到需要和別人交涉時，又常常找藉口想逃掉。

因此，對於此類的部屬，必須去除他們心中的恥辱感，然後將因慚愧而帶來的缺點指出來，使他們能將這種想法完全去除掉。如果真行不通，只好採取以毒攻毒的方法，使他做一些真的覺得可恥的工作。

※對於失敗而感到很後悔的部屬

很多人會因為工作失敗而感到羞恥，無法面對周圍的人並意志消沈。但是，在這些人之中，卻有些人除了覺得很羞恥之外，甚至會覺得後悔。

會感到很後悔的人，大部分是因為對自己很有自信，對於任何一件事情都非常有自信。就是因為對自己非常有信心，所以，一旦失敗就要比別人更覺得後悔，甚至罵自己很驢的！

失敗後會覺得羞恥的人，往往會將羞恥感表現於態度上，所以，在失敗後的態度就會變得更謙虛。

但是，會感到很後悔的人往往比感到很羞恥的人來得頹喪，而且會將頹喪表現於態度上。特別是那股很「後悔」的表情，往往很容易從其姿態、表情中看得出來。這也就是他們的特色之一。

對於此部屬，可以使用「因失敗而感到後悔嗎？然而後悔對下次的工作可有很大的影響喔！」的優勢話。

【要訣】「後悔」是一個很大的動力

會感到「後悔」是一項很好的心理作用，就如同自己和競爭者相搏鬥而輸的情形一樣。心理會認為「這次雖然失敗，但下次一定要贏」，於是為了勝利而努力思考該如何改進才好，而養精蓄銳地準備下一次的競爭。

在這種情況下，「後悔」所造成的心理作用就很明顯了。雖然感到後悔，卻會為了勝利而更加努力。如此一來，「後悔」就變成使自己「下次一定要勝利」的最大原動力。

管理者及領導者若能瞭解到此心理作用時，面對因失敗而感到後悔的部屬，就應該讓部屬知道「後悔」有很大的作用。之後，再告訴他們「後悔對於下次的工作有很大的影響」的優勢話，相信可以激發他們重新再做的情緒。

7 要讓部屬應付緊急狀況時的優勢話

※發生緊急狀況時

通常一件工作並不需要事前做充分的準備，但是，一旦在工作時發生問題或者是情況嚴重有了變化時，對於這種緊急狀況的發生，就必須放下手邊正在從事的工作而做緊急的處理。

一般遇到緊急的工作時，往往會產生退縮逃避的心理，尤其對於完全沒有處理過緊急狀態的年輕人而言，這種心理特別強烈。

例如，無法馬上採取主要的緊急措施，雖然採取幫忙、輔助性的措施，但由於沒有經驗也無助於事，因為他們認為緊急的工作為突來的工作，很擔心會因插手而失敗所以感到不安。

因此，發生此緊急狀況時，可以使用「希望藉大家的力量來協助我」。也許這種哀求語氣的優勢話並不討好，但卻有很多管理者及領導者往往在無意中會說出如此的話。

【要訣】若彼此的信賴關係不好時，此優勢話可能無效

在使用此優勢話時，必須注意到的是「希望藉大家的力量來協助我」中，協助的對象是指上司而言。所以部屬在聽到這句話時，會想到的是「好，幫課長忙！」或者是「要幫忙嗎？」等問題。這些都是根據上司和部屬的信賴關係的好壞來判斷。也就是，部屬若信賴上司的話，就會有「只要課長有困難，一定予以協助」的心理。

但是，部屬若不信賴上司的話，也許心裡上就會嘲笑上司「活該」。

如此一來，管理者及領導者平時就應該致力於和部屬建立良好的信賴關係。

※對於突來的工作必須負責任而感到討厭的部屬

對於應付緊急狀況，如前面所述，部屬會認為那是「突來的工作」，而且擔心會失敗而退縮逃避之。

尤其是對於那些從來沒有碰過這樣事情的人而言，一旦失敗就會覺得討厭的想法，是造成他們對緊急工作產生消極心態的最大原因，而且加上一旦工作失敗就會造成前面所提到，會感到「羞恥」及「後悔」種種的厭煩感，而不願意從事於失敗性很大的工作。

但若能將這種緊急工作，交由幾個人所組成的智囊團來處理時，部屬們就會認為「責任平均分擔」而不會那麼在意失敗，於是就願意接受這份工作。但是，對於緊急工作的處理，不只是智囊團，也有由一個人處理的。

由一個人來處理緊急工作，當然，責任是由一個人來擔當。部屬一旦想到責任需要由自己來承擔時，就會覺得那是「突來的工作又必須負責任而感到討厭」，所以常常以「不行」逃避之。

此時，所用的優勢話則為「失敗也沒關係，責任由我來負責」。部屬一聽到此話，心裡的負擔就會減輕，認為「責任由上司來負責，我只要盡力做就好」，於是就接受這份工作，如此一來就會回答說：「好吧！我就做做看。」

【要訣】必須先教其應付的基本方法再將工作委託

即使對部屬說：「失敗也沒關係，責任由我來負責」，但是，希望部屬最好不要失敗，這是理所當然的，因為若能不失敗當然是最好不過了。而身為部屬的，也應該認為最好不要失敗。因此，身為管理者及領導者在委託幫忙緊急工作時，為了使部屬不要失敗，就應該從各方面予以協助。

例如，他們要是對於如何應付緊急狀況不懂時，就必須將最基本的應付方法及應採取怎樣的過程教給他們。將基本方法教於他們之後，就可以把工作交給他們，對於小細節不應多干預，但是若可能導致失敗時，就應適時地提出糾正。

※擁有良好能力及資質的部屬

緊急的工作，換句話說就是非一般性的工作，它必須具備平常一般性工作所不同的能力及資質。

例如，在處理所發生的問題時，一方面要收集並分析對於問題處理及解決時應具備的情報，另一方面則要探求問題的原因。通常於一般的工作時，這些情報的收集能力及分析能力，對於原因的分析能力並不怎麼需要。也就是，通常一般工作所不能發揮出來的能力及資質，於緊急工作時都可以發揮出來。

我們通常都有「希望能發揮自己的潛在能力」的慾望，而人類對於自我實現是最大的慾望，若能滿足其慾望的話，就會產生很大的效果。

因此，給予部屬緊急工作時，可以使用「這項工作，可以讓你的能力有發揮的機會」。如此一來，他會認為「我可以發揮平常沒有使用的能力」而感到對自我實現的慾望。

【要訣】平常應留意於部屬的能力開發

對於緊急工作，雖然說可以發揮在平常工作以外的能力及資質，但若沒有那種能力與資質就無法發揮出來。因此，必須平常積極地開發那種能力與資質。

例如，在平常就應開發對於解決問題時應具有的必要能力及資質，且以團體指導最好。所謂團體指導是指職業教育的一種，將很多人集合起來教授如何處理及解決問題。

其內容是針對如何發現問題的方法、分類問題點的方法以及分析原因的方法、問題的處理法等做簡易的說明。

對於處理及解決問題的方法，大致說來應該提出實例，讓他們實際操演。

※對於緊急工作感到退縮的部屬

緊急工作往往必須短時間內處理掉，所以常常視情形而決定，可能禮拜天還要加班工作，或者是連抽煙的時間也用來工作，而且和一般工作不同，緊急工作來得辛苦多了。

也就是對於緊急工作，部屬必須承擔精神上與肉體上的負擔。如此一來，當然會對於緊急工作感到退縮逃避，且一想到肉體上及精神上所受之苦，就不願意從事於緊急工作。

但是，一旦突破這種苦之後，嚐到了快樂與喜悅時，就會不辭一切厭煩及困難而積極努力去做。

而這時候，則使用「若渡過這個難關的話、可以……」的優勢話。當然最好說一些較具體的話。例如：「各位，想去喝酒嗎？」或者是「各位，想去洗溫泉嗎？」等，他們就會感到很快樂而願意接受這份工作。

【要訣】不管怎樣都要遵守約定

若對部屬說「若度過這個難關，就可以……」而交給部屬做緊急工作，但是於工作完成時，並無法照事前所做的承諾去履行的管理者和領導者，還是大有人在。

在這種情形下，不迨說，部屬當然對於上司就無法信賴。雖然有些部屬會體諒上司可能因為很忙而忘記。但大部分的部屬則由於無法履行約定而怨恨上司。

因此，若做了任何要請客的承諾，一旦工作完成時就必須親自邀請部屬一同前往，且最好自掏腰包。

※別人的工作必須請人代行時

在緊急工作之中，部屬可能突然生病或者是發生事故時，就必須把那個部屬的工作交由別人來做。而被指名代行其事的部屬，若對於其工作有過經驗就會很容易勝任而沒有問題。唯一的問題是如何將現在的工作和緊急的工作作一番調查。而代行者也由於具備所要求的能力與資質，故可以毫無反抗地接受吧！

但是，若被指名代行工作的部屬，對於那份工作並無經驗時，就可能表示出抵抗的行為。也就是因為部屬對於工作毫無經驗，而感到種種的不安。

例如，自己會產生「自己有勝任那份工作的能力嗎？」或者是「失敗的話，會如何？

」等不安，一旦有了這種不安的心理，即使上司說「你來代替×××，做一下這份工作」時，也無法很乾脆地回答「好的」而接受這份工作。

但是，你若說「你有這份能力，可以代替×××來做這份工作」時，其效果還是有差別的。一旦被上司說「自己有那份能力」時，就會認為「自己的能力受到很高的評價」而想試著去做。

【要訣】不適用於沒有那份工作能力的人

使用「你有這份能力，來代替×××來做這份工作」的優勢話時，如字面上所指的是針對「對×××的工作有能力」的部屬，以及對於被要求的能力稍嫌不足的部屬而使用的。若在能力上相差很多的部屬，這是不適用的。

但是，儘可能對大部分的部屬，使用此優勢話。因此，可以視機會而派給他們其他部屬的工作。換句話說，工作並不固定，而讓他們嘗試各種不同的工作，也就是實施所謂「工作循環」的政策。由於「工作時的工作交換」，可以排除所謂黨派意識而達到正面的效果。如此一來，任何人被指派代行工作時，就應該不會再認為「這不是我的工作」或者是「沒有能力因此無法做」等。

8 要部屬做不喜歡的工作時所用的優勢話

※對工作有所挑剔的部屬

工作雖不分貴賤，但從其重要性的觀點看來，有責任很大的工作也有極重要的工作，但也有不怎麼重要、微不足道的工作。還有，像年輕人對工作所做的判斷，是以「樂趣」為基準看來，可以分「有趣的工作」及「無聊的工作」。

對於「不重要且微不足道的工作」及「無聊的工作」，誰也不願意去做。每個人都會認為「自己才不想做這種事」。

但是，雖說不喜歡做，管理者及領導者也不能因此放棄不管。即使工作是非常不重要且微不足道，甚至是無趣的工作，但為了達成工作目標所不可缺少的工作，不管怎樣還是要派人去做。

雖然覺得很討厭的工作，仍然有些部屬會默默地接受。但是一般的人，就會埋怨地皺著眉頭，這時候所使用的優勢話為「做什麼工作都是一個經驗，而且一定對你有好處」。使用此優勢話時，必須特別說明「經驗的重要性及必要性」以及「做這項工作的優點和好處」。

【要訣】應具體地指出有什麼好處？

在說明「經驗的重要性、必要性」及「這項工作的優點和好處」這二項之中，以後者「工作的優點與好處」較能激發部屬的情緒。

人都是非常功利主義的。在做任何一件事時，都會先考慮做這件事有什麼好處和利益。若有什麼好處或利益就想要去做。相反地，若認為沒有什麼利益和好處時就不想去做。於是，若利益和好處愈多，就會更積極地去做。

因此，管理者及領導者在分配部屬不喜歡的工作時，必須特別強調「做那項工作的利益和好處」，而且具體地說明其好處及利益為何？還有其因果關係又為何等，讓部屬能夠瞭解體會。

※希望不用努力而成為正式職員的年輕人

一旦就了業，不管誰都「希望早日成為正式職員」。我想應該沒有人會認為一直做為一個「半職員」，而接受周圍的人的命令做事是一件很好的事。

但是，年輕人往往沒有經過努力就想成為正式職員。而且可以發現他們都是非常自私的。雖然沒有所謂「不努力也能出人頭地的方法」，但是他們卻儘可能不費苦心及努力而想成為「正式職員」。

然而，要成為一個正式職員，還是要經過種種的努力和辛苦。在這努力和辛苦當中，也包含了「討厭的工作」。而從討厭的工作中所獲得的東西，往往是成為正式職員應具備的條件。

對於還未成為正式職員的年輕人，使用「做完這件工作之後，就升你為正式職員」的優勢話，相信會很有效果。

【要訣】要說明做完不喜歡的工作之後成為正式職員的理由

年輕人一旦被派任做自己認為很討厭的工作時，即使你對他說：「做完之後，就升你為正式職員。」相信還是有人會問「為什麼呢？」而不解其原因、理由。若無法瞭解其中的理由，就沒有心情做那件工作。尤其，年輕人會因為不明其原因而不願意做，因此必須很明確地說明其理由。

而做為其理由的，例如，「一個正式的職員是什麼事都會做」，也就是告訴他「不論什麼事之中都會有自己不喜歡做的事情」。而且最好舉出「正式職員是對於工作不會有所挑剔」的理由。除此之外，還有很多理由，自己可以想想看。

※認為自己無法受到周遭的人所肯定的部屬

對於不受歡迎的工作，不只一個人，甚至所有的人都不喜歡。也就是，大家都不想做的工作。

但是各位若承辦了令人討厭的工作時，無疑地會受到大家的矚目。而在這些人之中，雖然也有人會取笑「你真倒楣」，但大多數的人仍認為你會好好做的。於是，你若能將工作完成，他們一定會極力稱讚你「真了不起」。

不管是誰，只要被人家稱讚很了不起的話，心情一定會很好。不僅會提高自尊心，做事也較有幹勁。如此一來，下次若再給與同樣不受歡迎的工作時，就能毫無怨言地承接下來。那是由於「一旦做了別人不喜歡做的事，不僅能引人矚目且讓自己更受到肯定」的心理作用。

若要激發部屬有這種心理時，就可以使用「你若做了這份工作，別人對你的看法就會有所不同」的優勢話。聽到這句話，以前認為討厭的心理就會有所改變，而想嘗試做做看。尤其是自己認為無法受到別人肯定的人，會意識到「做別人所不喜歡做的事，可以令大家感到很佩服」。

所以這種優勢話，或許對於平常不怎麼受到矚目，及較老實的部屬特別有效。

【要訣】讓大家知道接受這份工作的部屬

使用「你若做了這份工作，別人對你的看法就會有所不同」的優勢話來激發部屬接下不討好的工作時，上司必須率先將「×××承接這份工作」的事情公諸於大家。

然後，工作若順利地完成，就問大家是不是覺得他真的做得很好，是不是很了不起等？一旦大家都認為真的很了不起時，相信本人會覺得很高興，而真正感到自己受到大家的肯定。

要形成這種場面，適當的表演技巧是非常重要的。若處理得不當時，可能會引起反效果。而這種技巧是於管理中不可欠缺的。所以對於一個管理者及領導者，就不得不具有這方面的表演技巧。

※選好部屬，交給他不受歡迎的工作

管理者及領導者在委任部屬做不受歡迎的工作時，並不是任何人都可以委任的。必須先判斷「那個男（女）職員，大概沒問題」後再委任之。

當然，要是那份工作每個人都可以做的話，可以請有空閒的人來做，但大部份的情形，都是很仔細地挑選部屬任命之。

尤其是工作若稍微困難時，要先確定部屬是否擁有做這項工作的能力與資質，也就是說，管理者及領導者不應隨意地將不受歡迎的工作交給部屬來做，而應仔細地衡量、觀察才行。

管理者及領導者不管是經由仔細的衡量或者是觀察，甚至是特別的用意也好，對於要派任他不受歡迎的工作所選定的部屬時，採用的優勢話為「我相信你一定可以勝任這項工作」。

而在這句優勢話之中最強調的莫過於「你」這個字，因為這個字所代表的意思為「也許其他的部屬不行，但你一定可以勝任的」。

或者是意指此情形，認為「由於其他的部屬工作較為消極且散漫，大概無法勝任，然而由於你做任何事都很積極，相信這項工作你應該可以勝任」。

換句話說，在強調你是和其他部屬有所不同。根據對方都希望自己異於他人的自我要求慾望，而採用此優勢話。

【要訣】要特別強調你是非常信賴對方

在使用「我相信你一定可以勝任這項工作」的優勢話時，所表現出來的信賴感是非常重要的。

人一旦覺得自己受到別人的信賴時，就會想為那個信賴自己的人做一些事。但是，相反地，若認為不受信賴時，那個人所說的話可能變得一點也沒有用，甚至覺得並不是真心話時，可能就會拒絕。

因此，若說了「我相信你一定可以勝任這項工作」的優勢話而無法使對方動心。就應該馬上強調說：「我是非常信任你的」。如此一來，對方應該會認為「上司是真的信任我」而願意承擔這項工作。

※選定部屬交給他不受歡迎的工作

人與人之間，經常有所謂「借出借入」的互惠關係，這裡所謂的「借出」是指別人請你替他做什麼事，而對方則接受所謂的「借入」。而接受「借入」的人，就如同向別人借錢一般，必須在行動上有所補償。

若接受「借入」的人沒有任何行動上的補償時，「借出的人」就會批評「你不懂得禮節」。不過，有些人或許不會當面批評你，但對你感到不信任。如此一來，雙方的人際關係及信賴關係一定會破裂。

接下來，姑且不論其關係會如何演變。若你想委任部屬不受歡迎的工作時，你必須使用「你若接了這項工作，我一定會有所補償！」的優勢話。而這句話的意思，如同你告訴部屬，他若做了這項工作絕不會吃虧。因此，他就會想接受這項工作。

當然，部屬對於上司會對他有什麼補償，一定很興奮地期待著。

【要訣】要講明補償的內容

若使用上述的優勢話時，若沒有講清楚所要做為補償的東西為何時，可能還是會有部屬不願意接受這份工作。特別是，很會計較的人，通常都有可能會因為你所做的承諾不夠明確而不願接納工作。

因此，若說過要有任何補償的話，就必須講清楚所要補償的內容。若說清楚的話，部屬就可以決定要不要接下這項工作。

必須注意到的是，對於這種承諾，必須要謹慎一點才好。

9 對何事都感到消極的部屬所使用的優勢話

※具有消極性格的部屬

所謂消極的人，還是分為很多種類型。有些人是天生不愛說話，忠厚老實畏首畏尾的。有些人則是原本個性是很積極、善交際、但由於某種原因，而變得消極、憂心重重。

因此，對於看起來是很消極的人所使用的優勢話，並不是同樣一句的優勢話都有效，必須從對方的性格、內心的想法以及所處的立場和狀況來仔細考慮、選擇才行。

但是，所謂「你不要擔心，我會指引你的！」的優勢話，通常是針對性格上較消極的人來使用。一般性格上很消極的人，對任何事都表示出很消極的態度。你一旦交給他稍稍有變化的工作，他就會表示出「我似乎不行」或者是「要做這麼困難的工作啊？」等不願意做的態度。

會產生這種反應態度的人，是由於對於有變化的工作及稍微較難的工作沒有信心而擔心的緣故。當然在這些人當中，有些人是擔心「萬一失敗了怎麼辦？」有些人則擔心「只是覺得有些不安與擔心」。

對於這些人，若使用「不要擔心，我會指引你的！」的優勢話，就非常有效。尤其是「我會指引你」這句話會讓對方感到很安心。

【要訣】去除對方的不安與擔心

若對部屬說「你不用擔心，我會指引你」時，若部屬想接受你交給他的工作，必須給予他具體的指導。首先，必須先詢問出部屬對何事感到不安與擔心，然後再教他們如何去除的方法。

詢問部屬的不安與擔心時，必須注意絕不能採取高壓、威嚴的態度。對於性格上消極的人而言，上司高壓、威嚴的態度，不僅不能使他們的心胸開展，反而會使他們變得更封閉。

還有，當部屬在做這項工作時，若遇到任何不能突破、解決的問題時，必須提出如何解開這個問題癥結的忠告。如此一來，部屬就可以避免錯誤及失敗，而對工作產生信心。

※只會煩惱而不想做事的部屬

所謂消極的人，大部分是屬於煩惱型的。只要你給予他任何事，他在做之前一定會煩惱東、煩惱西的。

當然，在從事一件工作時，事前都需要考慮得很週到。而且由於一件工作都必須經過周詳的計劃，然後實施、審查的步驟，因此，為了要使計劃能夠很周詳，仔細地考慮當然是必要的。

然而，消極的人他們所考慮的並不是如何才能把工作做好，而是往反方向「若失敗了怎麼辦？」和「自己的能力行嗎？」等在擔心著。如此一來，只會浪費很多時間。

因此，對於這種人所使用的優勢話為「試著先做做看，做完了再想吧！」

而事實上，不管誰都可以體會，當你在做任何事時，你所擔心的問題根本不存在，而且比想像中的容易多了。至於這句話最大的用意，乃在於希望讓消極的人也能感受到這個經驗。

【要訣】若部屬能順利地完成工作，一定要有所鼓勵

若使用「試著先做做看，做完再想吧」的優勢話。而部屬能對於所交給的工作順利進行時，必須要對他說：「你看，是不是不如你所想像中的難嗎？」

因為部屬本身若已覺得「沒有想像中的難」，再加上上司這麼一說，就更覺得事實是如此，且愈有衝勁去完成它。

當部屬若將工作完成時，一定要對他說：「是不是做得很好？每件事你若願意去做一定可以做成的。」部屬一旦聽了這些話，就對自己非常有信心。

※消極地以自己為中心的部屬

一個公司若有對於任何事都感到很消極的部屬，就可能會妨礙其他人的工作，因為大家都很積極地從事工作，而只有一個人在哀聲嘆氣時，不只會影響大家的工作情緒，也使工作的進展無法如期完成。

也就是說，只要有一個很消極的部屬，就會對周圍的人產生不良的影響。因此，對於這種消極的部屬，若對他說：「你會妨礙到大家。你若不配合大家而工作的話，是不是不行呢？」或許可以激發他想做的情緒。

但是，部屬若能因聽到這種話，而感到自己最好不應該帶給大家困擾。不過，對於以自我為中心的人，這種話是不管用的。那是由於以自我為中心的人，不懂得所謂「帶給別人麻煩」這件事。

換句話說，由於他們並不會去注意、關心到別人，所以根本不會想到會造成別人的困擾。

所以，對於任何事都感到很消極且自我中心觀念特別強烈的部屬，所使用的優勢話為「若採取消極的態度，損失最大的還是你自己」，會非常有效的。

那是由於以自我為中心的人，通常都先衡量事情的利害得失來行動的。也就是以「對自己是失還是得」為基準，來決定是否要採取行動。因此，你若對他說：「採取消極的態度，是一項損失很大的舉止」，或許就可以改變他消極的態度。

【要訣】不要經常使用

使用「若採取消極的態度，損失最大的還是你自己」的優勢話，雖然是站在以評斷利害得失做為行動基準來參考。但是人們的行動基準，並不只限於以利害得失做為評斷。因此，這種優勢話應儘量少用。那是因為若過於使用時，上司會被認為只以評斷利害得失來做為行動基準的人，而變得無法受人信賴。

因此，管理者及領導者必須改變偏頗的行動基準。所謂多樣化、複雜化的社會，換句話說其行動基準也是多樣化、複雜化的。而對於部屬，也必須讓他們積極地從事工作，且必須改變自己偏頗的行動基準。

※雖消極但很用心學習的部屬

有些人是屬於對於和工作有關的知識都會很用心學習，且和別人之間的協調性也比較好。但就是不管怎樣都無法積極行事的類型，很用心學習且知識也很豐富，但是，你一旦想交給他稍微難一點的工作時，他反而變得退縮。

對於這種人，真的很難侍候。他若是屬於那種既不想學習也沒有什麼知識的人，就會認定「這個部屬無法委任」而根本不會讓他嘗試難的工作。偏偏他是屬於很積極想學習及擁有豐富的知識，所以會認為「或許可以委任」而想讓他接受困難工作的挑戰。若他沒有體會到這用意且認為「自己不行」時，身為管理者及領導者的心意就會因此打消了。

對於這種部屬所採用的優勢話，可以使用「你若能再積極些，什麼話都不用說……」來說服部屬。而這句話，所指的意思是「你所欠缺的是積極性，你若能再積極一點，你會是很完美的。」

由於很努力學習及擁有豐富的知識，理解力也就很強。所以一定會認為「課長講的話很正確」，而變得很積極，且希望成為大家所說的完美的人。

【要訣】說明為什麼要學習

對於很用心學習且擁有豐富知識的部屬，若使用上述的優勢話，仍無法說服他時，或許採用以下的手段較好。

就是對部屬詢問「你為何而學習」？若部屬能很快地回答，就是因某種目的而去學習。相反地，他若不能很明確地回答時，通常他會說「為學習而學習」。

於是對於「為學習而學習」的部屬，你可以指示他說：「你的學習，是不是為了活用於工作上呢？」讓他知道將學習所獲得的知識活用於工作上，是人類最高的希望。而且可以滿足自我實現的慾望。

※無法主張自己的意見且沈默寡言的部屬

消極的人通常都很沈默寡言，尤其最不喜歡在別人面前說話。即使出席會議，也不喜歡發言。就是你請他發言，他也只是做簡短的回答：「是」。

所謂不愛說話的人，大多指不擅長說話的人。加上以前流行「沈默為美德」的緣故，對於沈默寡言的人，不僅會得到稱讚且不會受到責備。

但是，現在則不一樣。必須將自己的意見及想法很清楚地主張出來。在出席會議所提的三S（silience smile sleep），若只會如此是非常沒用的。在現代所謂有用的人，是指不再沈默，而能將自己的意見及想法很坦然地表白出來的人。

所以，對於沈默寡言的人必須說服他們先把要說的話想好，若能把想說的話說出來就很好。

這種優勢話，算是說者的忠告。也就是因為沈默寡言的人在很多人面前時，會一直「

想把話說好，且要說得很好」而導致一直無法隨便亂說話。所以，首先要告訴他先把「想說的話想好」，再勸他說「把想說的話說出來會較好」。

聽到此番話的人，就會認為「確實如此，一直想把話說好是不對的。把想說的話說出來會較好嗎？若真的較好，自己也可以嘗試看看」。

【要訣】多給予發言的機會

說服部屬「先把想說的話想好，若能把想說的話說出來較好」之後的結果。若部屬在會議等場所能積極發言的話，就應該再鼓動他的勇氣，告訴他：「你今天的發言真的很好，下次也可以再以這種方式發言。」如此一來，他就會產生「還想再發言」的心理。

和上述同樣重要的是，儘可能給予他更多發言的機會，那是希望他不會怯場。人要是做很多次同樣的事情就不會再怯場，而且心中的負擔及抵抗感也會逐漸減輕。

因此，對於沈默寡言的部屬，最好讓他多參加會議及勸他多發言。甚至偶爾讓他擔任早會的司儀或是簡單會議的主持人，可以使他習慣說話不再怯場。

10 對沒有上進心的部屬所使用的優勢話

※認為沒有必要學習的部屬

技術的革新日新月異，以非常可怕的速度在進步著。那不只是限於屬於那個技術範圍領域之人的問題，而是對於一般的職員及職業婦女都有影響。

例如，以自動化看來，自動化的機器，往往是根據電學，陸陸續續將更便利，性能更好的東西開發出來，導入工廠。而一旦自動機器導入工廠的話，若不能操縱自如，就無法工作。因此，必須時常進修有關自動機器的知識和技術。

而職員及職業婦女必須學習的東西不只是有關自動機器方面的知識，還有其他很多東西必須學習的。現在的職員及職業婦女是處於必須繼續學生時代的不斷學習時代。

但是，還是有很多人沒有這般的上進心及求學的態度，整日只想玩不想學習。對於這種部屬，應該用什麼優勢話呢？

雖然有很多優勢話可以使用，最常使用的則為「再不學習，就會落伍了！」。

【要訣】上司首先開始學習

在很多管理者及領導者之中，往往會對部屬說「再不學習，就會落伍了！」而想刺激他們學習的慾望。但是，自己卻沒有上進心及學習的慾望。

若連自己都不想學習進修，只想叫部屬「學習」的話。部屬當然會認為上司自己都不學習求上進，我們部屬怎麼會學習求上進呢？而表示出不願意求上進的態度。

所以，若想讓部屬學習求上進，上司就必須做模範，率先學習求上進。

※由於努力不夠而無法委任其工作的部屬

想把責任重大的工作交給部屬做，但也會因處置的能力及資質不足，而無法把責任委任於部屬。

這種情況之下，管理者及領導者大都會勸他們「你再不努力就不行」或者是「多看點書」。但是，雖提出了忠告，還是沒有效果。

也許是因為忠告太過於抽象的緣故，而無法激起部屬的上進心及學習慾望。

但是，為了要使他們萌生上進心及學習慾望，所採用的刺激方法，必須要採取較為具體一點的方法。而部屬若從管理者及領導者那兒接受較具體的刺激之後，就會產生想學習的慾望。因此，不應給予「你再不努力就不行」的忠告，而應該是「如此這般的努力」及「讀諸如此類的書」等較具體的忠告。

但是，這樣還是不夠的。因為部屬心中會產生「為什麼？」的疑問。因此，為了使部屬心中不會產生疑問，就必須將為何努力學習的理由說明。

考慮到這一點，而使用的優勢話為「你要是具有××方面的知識，就想把這項工作委任於你……」。部屬聽了此話，就會瞭解為了能勝任那份工作，就必須學習有關那方面的知識，而覺悟到「那麼，就好好努力學習吧！」

【要訣】若臨時給予他一項工作使命也是一個方法

雖然使用「你要是具有××方面的知識，就想把這項工作委任於你……」的優勢話，必須先開發部屬的能力，然後再給予他可以發揮其能力的場合及機會。然而，若相反地，先給予他一項新的工作或者是較難的工作也可以。

當你給予他們一項新的工作或者是較難的工作時，他們可能會覺得自己的能力不夠。如此一來，你就不需要使用「你要是具有××方面的知識，就想把這項工作委任於你……」的優勢話。而他們自己會意識到「若沒具有這方面的知識，就無法勝任這項工作，而想往這方面的知識做進修學習」。變得很自動自發。

※認為感性好就是很完美的部屬

現在，可以說是感性的時代。若感性不好，就無法抓住顧客的心理。自然開發商品的生產及服務，還有銷售也就不好。這種顧客，特別是指年輕的顧客。因此，職員及職業婦女就必須擁有敏銳的感覺。

但是，並不是擁有敏銳的感覺，就可以成為一個優秀的職員或者是職業婦女。所謂一個有組織的人，必須要具備良好的理性面。

那是，由於有組織必須具有合理性。而這裡所指的合理性，乃是指能很有效率地工作的效率理論，和以最少的費用達到最大利益的費用理論。若能同時具有效率理論及費用理論，才算是理性的活動。

換句話說，必須學習理論上及原則上的知識。因此，就必須努力學習，吸取知識進而培養出知性的東西。這種行動，我們稱為理論武裝。

一般年輕人對於理論武裝的定義並不甚瞭解，所以不會因此而想學習。對於這種年輕人所使用的優勢話為「你非常感性，然而你若能具有知性，就會更完美……」。

他們一旦聽了此番話，一定會感到「只有很好的感性是不夠的。若不培養知性及知識的話是不行的」。

【要訣】對部屬應採取忠告的語氣

使用「你非常感性，然而你若能具有知性，就會更完美……」的優勢話時，部屬若能表示出已瞭解培養知性的重要性時，就應該再採取具體的行動來勸導他。

方法有很多種，最好的方法為提出一個題目，讓他寫一份有關此題目的報告。當然，關於此題目並不是任何題目都可以選來用，最好是選一些部屬現在正在做的工作題目。

當部屬提出那份報告時，管理者及領導者就必須當場閱覽。然後對這份報告做一個講評。然後再將這份報告那些地方有理論性，那些地方缺少理論性，具體指出來。對於理論上特別奇怪的地方，應該提出忠告，告訴部屬如何改正。

※沒有學習慾望的部屬

所謂對於學習所持的心態，有些人是出自於自己本身對於知識的追求慾望和上進心；而有些人則是由於不想輸給別人的競爭心理，才想要多多學習。

特別是，若有能力相當的對敵存在時，這種心理更強烈。因為不想敗給對方及想比對方的能力更強的競爭心理，和競爭意識的作祟而想更努力。

因此，對於缺乏上進心的部屬，若想激發他學習的慾望時，就可以採用挑撥其競爭心及競爭意識的方法，其效果會很好。而此優勢話為「○○先生，確實很用心在學習，你可不能輸給他喔！」

【要訣】仔細選擇競爭的對手

使用此優勢話時應注意，誰是那個部屬的競爭對手，應該要慎重地選擇。若那個競爭對手和那個部屬相比，能力比他強很多的話，反而會得到反效果。因為部屬若覺得和那個競爭對手一比起來就不可能贏的話，可能一開始就打算放棄了。

因此，所選擇的競爭對象，必須和那個部屬的能力不相上下，而且年齡上最好不要相差太多。要注意的是，若部屬因聽了這句話而產生競爭心的話，就必須防止二個人之間的關係惡化。

※討厭學習的部屬

對於沒有學習慾望及討厭學習的人而言，學習是一件很痛苦的事。尤其要他一直坐在書桌前看書，根本是難上加難。因此，他寧願不要那麼痛苦地學習，反而只想沈溺於玩樂、消遣。

但是，若只想玩樂而討厭學習的話，就會受到各方的指責與批評。因此身為管理者及領導者，必須對這種整日精神恍惚不求上進的部屬，多多說服他們要用心學習。

對於缺乏知識及討厭學習的部屬，你若只對他說：「要學習、要學習」的話，他們可能還不知道要怎麼學習才好。因此，若想要讓他們真正地學習到一些東西的話，就必須採用一些較具體的忠告。

而這種優勢話為「一天若能學到一樣東西也好，只要覺得有學到新的東西就好」，且特別強調的是「一天學一樣東西」。

對於討厭學習的人，你若要他看一本相當厚的書，他一定無法將它看完。與其那樣，不如先讓他看那本書的三分之一。例如，先叫他從報紙的大標題看起。

只要他一天看一點點，慢慢地就會產生想要學習的慾望。只要他認為想看更完整的東西，及想知道更多的原則、原理時，他就會變得更喜歡學習一些東西。

【要訣】儘量使他養成自動自發的學習態度

若由於使用此優勢話，而促使部屬想學習時，最好讓他擔任指導後輩的工作。

因為當他在指導後輩時，他就必須更加充實自己。當你在教導別人時，若沒有具備很多的知識和技術，就無法把指導者的工作擔任好。因此，一旦被選為指導者時，即使上司沒有指示你要更加充實自己，自己也要變得更自動自發一點。

11 對欠缺協調性的部屬所使用的優勢話

※只做屬於自己工作的部屬

當你問年輕人，為何進入公司時？他們的回答一定是「為了工作」。而這裡所指的工作，是指「屬於自己的工作」。

也就是說，一般的年輕人，都認為只要把自己的工作做好，從來不會考慮自己的工作和別人的工作有什麼關係，及認為有必要去配合別人且幫助別人完成他們的工作。那是由於他們認為，自己的工作是依分工合作的制度所分配的。若工作上採取此態度時，就不可能去協助別人。因此，別人就會認為他是非常不合群、缺乏同心協力的精神。

對於這類缺乏同心協力精神的年輕人，必須告訴他們工作的意義。此時所使用的優勢話為「工作，可以使別人快樂」。

也就是強調「工作」不僅一方面是完成自己的工作，另一方面則是使周遭的人也感到快樂。因此，工作時必須考慮到儘量能減輕周圍的人的負擔（也就是使別人快樂）。

【要訣】必須說服部屬於工作時要同心合作

為了使組織能有效率地運作，以前的人所採取的方式為「分工的原則」，而現在也有人採用此原則。然而，若採取分工制，很容易變成彼此間無法同心協力相互協調。如此一來，就無法達成工作上的目標。因此，為了防止這種弊端，就必須瞭解到協力合作的重要性。所謂「協力合作」是指「全體職員必須同心協力達成工作目標」的意思。

事實上，同心協力要比分工來得容易達成工作上的目標。因此，管理者及領導者必須指導部屬之間要多多同心協力，完成工作的目標。

※只做屬於自己工作的部屬

說明「工作」可以「使周圍的人快樂」的同時，最好也說明「工作，必須累積很多人的力量」。仔細觀察工作時，可以很清楚地瞭解到，一件工作通常需要很多人的努力合作。特別是在大公司，由於實施根據集體主義的組織運作，工作時所採用的體制也就是集體執行體制。因此，若沒有累積很多人的力量，是無法將工作順利進行完成的。

所謂集體執行體制，並不是將各種職務分配得很仔細，而是將每項工作大家分擔來做才能完成工作的體制。在這種體制下，若只做自己分擔的工作可能就不太好了。

若自己所承擔的工作做完了，一定要幫那些還未完成的人。也就是說，集體執行體制是採取上述的分工和同心合作的體制。

這些都是透過經驗的累積，自然而然就會懂的。但是，還有一些剛進入公司的年輕人並不懂。因此，就必須使用「工作，必須累積很多人的力量」的優勢話。

【要訣】若屬於個別執行體制時，該怎麼辦？

雖舉例在集體執行體制工作的情形。但有些部屬若屬於實施個別執行的體制，使用此優勢話，或許他們還是無法瞭解吧！那麼對於這種部屬，應該如何才好呢？

對於是在個別執行體制下工作的部屬，最好特別強調工作上整體的目標，而全體職員必須朝這個目標努力。

因為屬於個別工作的人，他們通常只顧到自己而不會考慮到全體職員。因此，他們也不可能採取同心合作的態度。所以，身為一個管理者及領導者，必須向部屬詳細說明工作上的目標，且希望他們朝這個目標努力。最好也向他們說明同心合作的必要性。

※若不命令，則不會協力、協調的部屬

若對於缺乏協調性的部屬，以命令的口氣對他說：「多多協助別人……」的話，雖然他們並不會都不去做，但是由於是以命令來使之行動，部屬就無法瞭解真正協力、協調的必要性和重要性。所以這種命令，就無法真正讓部屬主動去協助別人。

因此，部屬若沒有想到去協助別人時，管理者及領導者就必須下命令，讓部屬從事於協助工作。如此一來，若不下命令，部屬就不會主動去協助別人。尤其是當管理者及領導者不在時，由於沒有發號命令者，就有可能出現部屬不會主動去協助別人的情形。

在近年來的管理理念，如何使部屬不須透過命令，而能主動地做一些事是非常重要的。一般而言，若能不命令也能協助別人是最好的，因此對於缺乏協調性的部屬，就不必勉強命令之，毋寧不要任何命令，而使之自動自發地協助別人。

在此所用的優勢話為「若協助別人的話，別人一定會感激你的」。這兒所指的「感激」，如同受人「褒揚」一般，而能提高人類的自尊心。因此部屬若聽了這番話，一定很願意去協助別人。

【要訣】使受協助者說感謝的話

若對部屬說：「若協助別人的話，別人一定會感激你的」。而希望部屬協助別人時，若受協助者沒有表示出「謝謝你的協助」或者是「因你的協助而幫了我」等感謝的心情時，部屬會覺得怎樣呢？當然，由於他們期待對方說一些感謝的話。但由於給予協助的部屬期待被辜負了，而不再想予以協助。

所以，若希望別人予以任何協助，就必須指示被協助者必須於受惠後，說一些感謝的話。不僅如此，身為管理者及領導者也必須說些感激的話。例如「因你的協助，而使工作能順利做好，大家都很感謝你！」等。如此一來，部屬就會很願意去協助別人。

※只期望別人的協助而自私自利的部屬

非協力、非協調的人也希望接受別人的協力與協助。例如，你交給他似乎誰都可以做的工作，而且不讓任何人協助他。當他無法在預定時間內完成，而非加班不行時。而且其他的人都沒有協助而下班時，他就會心中感到很不滿地說：「為什麼只有我非加班不行？為什麼大家都不來幫我呢？」因此，為了消除自己心中的不滿，而希望別人幫忙時，就會對給予幫助的人，表示「對不起」或者是「謝謝」等感謝的心情。

從這件事情可以清楚地瞭解到，非協力、非協調的人往往自己不想去協助別人，只希望別人來幫他。而這種想法是非常自私自利的，為了改變這種自私自利的想法與態度，必須使用能使之變為協力、協調態度的優勢話。在這裡所採用的為「自己若不先去協助別人、別人就不會來協助你」。

【要訣】必須告訴部屬所謂協力、協調就是有取有予

使用「自己若不先去協助別人，別人就不會來協助你」的優勢話，最主要的用意，乃在於使之瞭解協力與協調是有取有予的。事實上，協力與協調都必須靠有取有予的方式來執行，因為當你首先給予別人協助的話，這就是所謂「予」。而當你需要別人協助時，別人就會予以你協助，這就是所謂「取」。

你一旦對於別人的「取」，若沒有任何回饋行動的話，別人就可能結束對你的「予」的行動。如此一來，由於信賴關係的破裂，而無法彼此相互協助。

※採取反協力行動的部屬

協助別人，由於是非常主動且積極地推動工作的進度，因而受到別人的歡迎。而且能使工作的目標順利完成，因此是一件非常有益的事。

但是，在一些非協力、非協調性的部屬當中，也有由於他們的行為而使得工作的目標無法順利達成的。也就是說，他們會造成一些為達成目標而努力之人的阻礙。

例如，他們常常會對一些正在做大家所不歡迎的工作的人說：「你們可真倒楣」或者是「平常就不好好做，如今淪為做這種事」等。

也許他們只是開玩笑的語氣在說這些話，然而對於那些人而言，他們是無法接受別人的玩笑。當然，他們之間的信賴關係若是維繫得很好的話，就可以接受這種玩笑，而且很輕易地以「喔！似乎是如此！」而一笑置之。

但是，之間的信賴關係若不好時。不管誰聽了這種玩笑，自尊心都會受損。而你一句我一句地說：「你說什麼？」「討厭、真煩！」的情形，可想而知。

如此一來，工作時的一體感反而會弄得更糟。管理者及領導者為了避免這種情形產生，就必須經常注意職員之間的言行。此時對於常常採取澆冷水行為的人，所使用的優勢話為「儘可能不要扯別人後腿」。

【要訣】必須指出部屬是採取如何的言行來扯別人後腿

會說出「你真倒楣！」及「平常不好好做，如今淪為做這種事」的人。通常都不曉得他的話，會傷到別人的自尊心。因此，他們往往都是不經考慮，就會說出這些話來。對於這種人就必須告訴他，話會因說的方式而傷到別人的自尊心。因此，要先站在別人的立場來想。如果你是對方時，聽了這些話你又會怎麼覺得呢？

接著，具體地指出他所說的那些話，傷到哪些人（儘可能說出他曾經說過的話），讓他瞭解那些話是如何傷到別人的自尊心的。

12 對經常說理的部屬其優勢話

※言而不行型的部屬

隨著高學歷化的推展，好說理的人也跟著增多。因為學歷高者在大學時以理論、道理為中心做學問，所以好說理也是理所當然的。

但是，光說道理的人是不受歡迎的。僅口若懸河地說理而不工作的人，會遭人白眼受人冷淡。不過好說理，而且努力工作有優異成果的人，大家仍會給予高度的評價。

不過這種言而有行的人並不多，好說理的人大體為言而不行型的，也就是說強詞奪理而不工作的人很多。因此，就會被不言而行的人厭惡且敬而遠之。

說理可分為二大類：一、為思考過後會被說服的說理。二、為所謂的歪理。

管理者及領導者對於能說服大多數人的說理者，應加以歡迎絕不可排擠。對於那些說理人應直言：「你的理論實在太棒了，希望你應用在工作上。」

【要訣】首先要授與能活用其理論之工作

必須給部屬能活用其理論、道理之工作的前提下，才能說：「你的理論實在太棒了，希望你應用在工作上。」這類「優勢語」。倘若不能活用這些理論、道理在工作上，只能說這類「優勢語」，除了挖苦諷刺外是達不到任何效果。

若被對方當作挖苦諷刺時，是不會產生工作意願的，反而會使人喪失想做的意願。

若使用此「優勢語」，已交給部屬無法活用這些理論、道理於工作上時。應該在此工作之外，再給予能活用其理論、道理的工作。例如，令其完成某些企畫或報告，然後指出部屬的理論、道理能活用在工作上一事來加以稱讚。

※擁有能應用在工作上理論的部屬

對於能說服大多數人的理論、道理，或大多數中非知不可的新理論、道理。而有部屬知道卻任其原封不動，是非常可惜的。

對於此類的理論及道理，首先讓部屬加以檢討，然後盡量應用在工作上。不過這種的理論、道理，並不僅限於應用在工作上。

在這種理論及道理中，可分為直接有益於工作及工作步驟基礎二種。譬如和行銷學有關的理論為例：對於實際的行銷活動，行銷學有關的基礎理論並無直接效用，但倘若知其基礎理論，行銷活動就會有所不同，這是確實的。

因此，若有詳知行銷學基礎理論的部屬，可委託他來教導其他的推銷員。使用的優勢語為：「可否在課內研討會，發表一下你的理論？」

對自己的理論及道理很有自信的人，受到這種委託時就會很欣然地接受。相反地，若無自信且好說理的人一定會拒絕說：「實在無法在眾人面前開口」，而且還會說：「若發表了膚淺的理論及道理，不知會被說些什麼」而拒絕宣持其理論、道理。

【要訣】儘快找機會開設研討會，且令課內全體員工出席

提及：「可否在課內研討會，發表一下你的理論？」後，若對方允諾了，應儘快找機會開設研討會，且務必要令全體員工出席研討會，當然管理者及領導者也必須出席。

若部屬發表優異，當然非大加讚美一番不可。部屬若被讚許一定會很高興，且會再持續其理論的研究。若部屬琢磨過其理論後，可指名他為研討會的講師。此時，對於其他部屬要告訴他們學習那位部屬。如此一來，即可鼓動競爭心，又可引起研究熱潮。

若部屬的發表不太出色，也不要加以責備。只要具體指出哪一點不好，如何改進即可，即使犯錯也不可貶低他。

※說歪理的部屬

好說理的人不一定擁有說服力，其中也有強說一些歪理的人。雖然本身也許打算認真、合理地說，但聽起來卻完全無法理解。

對這類說歪理的部屬，很容易大聲斥責他說：「不要強詞奪理！」使其閉嘴。

如此一來，部屬並不會因此而口服心服。被斥責：「不要強詞奪理！」後，其自尊心必會受到傷害。尤其部屬認為：「自己的理論、道理並非歪理！」時，傷害會更加嚴重。因此絕不可大聲斥責：「不要強詞奪理！」之類的話。

相反地，若對他說：「可否加以說明其理論根據，以便更能說服」之類的優勢語。部屬一聽，若認為自己的理論及道理並非歪理，便會認真、合理地加以說明。

相對地，僅是強詞奪理的部屬，一旦明瞭其說明無法說服上司，便會停止說歪理。若仍繼續強詞奪理，可立即詢問：「現在你所說的意見，有何根據？」相信對方即使是無神經的人，也會自覺到：「自己強詞奪理，招致了他人的不快。」

【要訣】要具體指出何處為歪理

即使是強詞奪理的人，所說的話也不見得毫無道理。

因此使用「可否加以說明其理論根據，以便更能說服」之優勢話後，若對方開口說明。只要針對不合理的部份，加以詢問即可。

這時候，指出認為是歪理的理由是很重要的。即指出如何不合理！何處為什麼前言不對後語？在此種情況下很容易引起爭論，因此管理者及領導者，不能情緒化或採高壓的態度，必須耐心「引經據典」，使其心服口服。

※價值觀迥異的部屬

即使理論及道理、原理、原則也會因價值觀而有所差異。當然，自然科學上的理論及道理有其普遍性，而且也有無論在何種價值觀之下，人人皆可通用的通性。

但是，人類學、人文科學幾乎是隨著價值觀而有所差異。有關組織營運的理論，這種傾向特別強。換句話說，所謂的經營學及組織論，會隨著人的價值觀而導致理論紛歧。

對於因價值觀而異的理論及道理，難以判斷其對錯。因為要判斷理論及道理的對與錯，就要判定是否符合自己的價值觀。因此，確立無偏頗的價值觀就成為主要的前提。

在別人的眼中，若以偏頗的價值觀來判斷事物的人，會招致他人的不信任。會因情況而遭到反駁及反抗，進而形成孤立。因此，最好反省自己的價值觀是否受到大多數人的支持，若大多數人與自己的價值觀相同時，則價值觀的普遍性會較高。

因此，自己的價值觀理論及道理，受到多少人的支持是很重要的。所以對強詞奪理的部屬說：「你的理論支持者有多少？」之類的優勢語，會很有效果的。

【要訣】在支持率高的情況下，改進自己的價值觀

詢問：「你的理論支持者有多少？」後，倘若對方自認支持率高而回答：「有××人」時，也不可開口說：「強詞奪理！」因為所謂的支持率高即普遍率高，倘若加以反駁會被認定是嘴硬。

在此情況下，要虛心、誠摯地認同對方的說法，然後努力改進自己的價值觀。價值觀並不是固定的，價值觀是隨著時代潮流而改變的，所以要捨棄落伍的價值觀接受新的觀念。

若部屬的理論及道理支持率極低的情況下，由於其理論會被斷定為「歪理」，所以必須要求他改進。並且要具體地說出何處錯誤，且指出如何改進。

※以空理空論擾亂工作場所和諧的部屬

也有人是拿著理論及道理來戲耍的。這種人幾乎不工作，只會對眾人吹噓自己隨意構築的理論及道理，其特徵為完全是空有理論，不成體統。

而空理空論大都是閒談。若大家能安靜地聆聽也就無妨。因為閒談、聊天雖無助於人類的理解，但有益於人際關係的增進。

不過，若是大肆宣揚其空理空論，是一種應酬還可增進其人際關係。一旦有人對此加以反駁，而引起激烈對立的話，只會更加惡化人際關係。

若因這些無聊的爭論，而惡化人際關係擾亂工作場所的和諧，管理者及領導者不能不理會。對於這些以空理空論引起爭論的部屬，要嚴加注意且令其改進態度。那時使用的優勢語為：「那是空理空論啊！毫無助益的。」

【要訣】要說明斷定空理空論的理由

對於「那是空理空論啊！是毫無助益的」之類的優勢語。即使對方反駁：「並非空理空論！」管理者及領導者也要毅然決然地回答：「不，這是空理空論。」

但，因其本身不相信此為空理空論，所以若不使他承認是空理空論，這「空理空論病」永遠也無法治癒。為了避免發生這種事，管理者及領導者必須好好說明，斷定為空理空論的根據和理由。

說明時最好更換場所，在靜僻處進行。因為若在眾人面前說明，會使部屬當眾出醜而無法說服。

13 對具反抗性部屬之優勢話

※對上司的提案一定反對的部屬

無論在哪個工作場所，多少會有一、二個反抗性很強的部屬。若管理者及領導者提議：「就這麼做吧！」必定會說：「那不行啊！」或者：「那麼做是行不通的！」來表示反對的態度。

對於表示反抗態度的部屬，很容易大聲斥責：「這是什麼態度！豈不是違逆上司！」但是，大聲斥責雖可消除言語上一時的反抗，但往後卻會顯出無言的抵抗，如此一來，便會難以對付。因為這不僅是採取反抗態度部屬個人的問題，也會影響工作場所人際關係的惡劣。因此，對於採反抗性態度的部屬，必須採取加以思索然後改進其態度的管理、指導方法。對此，有助益的優勢語為：「為何反對呢?希望你說說理由。」

有採反抗性態度傾向的部屬，對於上司的提案之所以反對應有其理由。要以謙虛的態度聽取其理由。管理者、領導者若以謙虛的態度，真摯的表情說：「為何反對呢？希望你說說理由。」部屬應該也會認真的說明反對的理由。並且在「為了反對而反對」的情況時，搞不好會說：「不，這樣可以了。」而誠摯地停戰。

【要訣】反駁對方的方法為何

要求部屬說明：「為何反對呢？希望你說說理由。」時，倘若部屬開口說明，仔細聽其說法是很重要的。在管理者及領導者中，常常會因不用心傾聽而遭一一反對，所以應小心謹慎此種態度。

既然請對方「說明其理由吧」！所以非得傾耳聆聽對方說明不可。而且要讓部屬暢所欲言，若中途打岔，對方是無法充分地表達其想法的。

等對方的話告一段落後，再針對其意見及想法加以反駁。例如：具體地指出對方為何無法令人接受？為何產生矛盾等？要注意的是不能一味地想提出自己的意見及想法，而要積極地聽取對方的意見及想法，這是很重要的。

※對上司的提案一定反對的部屬

管理者及領導者向部屬指示本身認為其策劃最佳的計劃時，相信有一、二個部屬會說：「我認為這計劃行不通」或者「我認為這計劃無法收到成效」如此反對著。

自己花工夫所完成的計劃，一旦被反對或挑剔，即使並非管理者、領導者，也會大感掃興。因為被反對或挑剔，就如同被挑明自己能力不足，自尊心會受損。

不過，無論如何費心思所完成的計劃是沒有十全十美的，還是會有缺陷和問題。因此不可因為被反對、挑剔，而情緒化地反駁對方，甚至想堵住對方的嘴巴。倒不如：「若反對的話，請提出合宜的替代案。」如此謙虛地聽取對方的意見、想法。

【要訣】客觀地評估部屬的對抗案

使用「若反對的話，請提出合宜的替代案」之類的優勢語後。若部屬完成了替代案，要好好地審查。審查時，要冷靜、客觀地評估是很重要的。對於反抗自己計劃的計劃案，其評估易流於有所偏頗。也就是說，比較自己的計劃案和對抗案時，易流於僅見對抗案的缺點和問題。換言之，容易忽視對抗案的優點及價值的心理傾向。

因此，對於主張反對自己計劃案的部屬，在他們完成替代案後評估時，應致力於找出此案的優點和價值。在審查優點和價值之後，再探查其缺點及問題。

※光反對上司提案的年長者

如前所述，部屬中會有對上司的提案及意見，常常感到反對的。尤其是年齡比自己年長的部屬，這種傾向特別強。

年長者以往成長在年資序列制中，認為晚輩應服從長輩的想法。這種年資意識強烈的人，在替比自己年幼的上司工作時，在某些時候是會感到屈辱的。

屈辱感會扭曲人心，會使人無法誠摯地傾聽別人的意見，僅挑他人的毛病。其中「說他人毛病會討人嫌」這麼想的人雖有。但是，心口不一，喜歡挑人家毛病且說出，並毫不覺羞恥的人，也大有人在。

總而言之，年長者有其頑固的一面，自己曾說過的話，絕不收回。縱使四周的人百般說服，也不會真誠地傾耳聆聽而執著於自己的意見及想法。

對於此種態度的年長者，其優勢語為：「光如此反對，有何益處？」縱使是一味頑固的年長者，也應該會判斷得失。即會依得失的行動基準，來決定自己的言行。此優勢語應以此為訴求而得失的判斷，並非是用理性，而是靠情緒。

【要訣】委任其策劃，使其產生工作慾望

管理者及領導者在詢問：「光如此反對，有何益處？」過後，年長者即使反省說：「反對毫無益處」而停止反對時，也無法產生工作意願。

因屈辱感而扭曲的心仍一如往昔，也就是說，對於年輕的上司反抗心還是持續著。因此，管理者及領導者必須將年長者從此種心態中拯救出來。

有效的方法為：在計劃的步驟中一一和年長者商討。即在策劃的時候，經常徵求年長者的意見和主意，可能的話，就委任年長者來策劃。如此一來，年長者便會產生參加的慾望，也就不會採取反抗的態度了。

※吹毛求疵的部屬

對於管理者及領導者的提案或意見，只會吹毛求疵的部屬也大有人在。完全以挑剔、吹毛求疵的心情來找麻煩，但卻彷彿發現了嚴重之事似的。

的確，雖說是指正缺點、錯誤。但若過於細微，就會使人認為：「那點瑕疵無所謂吧！」不過如此一說，就會傷了部屬的心。所以管理者及領導者必須要沈住氣忍耐。

使部屬暢所欲言也不太好，因為對於吹毛求疵小題大做的部屬，必須給予適切的指導。其指導的前奏，在此提出：「希望更針對大局來考慮」的優勢語。

吹毛求疵的部屬，可說是「見木不見林」。眼中僅見小事卻無法抓住整體，可斷定此類人為只見小處卻無視大局的人。

因此，對於此種傾向的部屬，若不指導他「從大局的觀點來著眼」便無法擔當重大工作。因此，說過「希望更針對大局來考慮」後，必須具體地指導他們，如何才能針對大局來考慮。

【要訣】提高涵養來學習大局觀

要使部屬有大局觀，有許多不同的方法。

例如：不僅要教導他有關所擔任職務的知識及技術，也要教導他經濟、管理全面的事物。且教導他經營、管理的上位概念——經濟，藉此而使其能擁有大局觀。

更簡便的方法是令其詳細閱讀每日的報紙。一般的報紙刊載了許多政治、國際、經濟、文化、家庭、運動、社會等各方面的報導，藉著閱讀所有的這些記載，以便能學習到廣泛的知識及資訊。學習廣泛的知識、資訊就能提升涵養。若涵養提高時，觀察一件事物就能從大處來著眼。

※雞蛋裡挑骨頭的部屬

總有一些人對於他人的意見或企劃案只會挑毛病。若指責其意見或提案的缺點及問題也就罷了，但若明明沒問題卻要雞蛋裡挑骨頭的話，就難以應付了。

對於這種吹毛求疵地指出缺點及問題的部屬，要忠告他：「要更針對大局來考慮……」最好教導他擁有大局觀。但是對於不指出問題，卻只雞蛋裡挑骨頭百般刁難的人，就難以周旋了。

當然，倘若部屬吹毛求疵或開口刁難，說：「不可吹毛求疵！」「不要百般刁難！」

等，只能壓住一時卻無法改進部屬吹毛求疵的怪癖及刁難的習性。

我們的目的是要使其領悟吹毛求疵及百般刁難是不好的現象，且要他放棄此種態度。因此，首先必須讓他明瞭，吹毛求疵及百般刁難會帶給別人何種印象。為此，其優勢語為：「你在吹毛求疵中，感受到生存的意義了嗎？」

這優勢語有此種意味：「由於你的過於吹毛求疵，使我認為這種習慣已成為你生存的唯一意義」，這雖是一句很諷刺的話，但對於這種吹毛求疵的人，最好給他嚐嚐一些諷刺的話。

【要訣】縱使諷刺也無法治癒吹毛求疵的話

若使用「你在吹毛求疵中，感受到生存的意義了嗎？」這種諷刺都無法治癒吹毛求疵的怪癖時，該怎麼辦呢？

那麼，最好具體地指出他人對於吹毛求疵有何感覺。即叮嚀他（也包括自己）會因被吹毛求疵而自尊受損、情緒惡劣。最好指出吹毛求疵會有什麼損失。被雞蛋裡挑骨頭的人，也會因此憎恨那些吹毛求疵的人。若憎恨一產生，就不想再和對方交往。即是讓他理解到：吹毛求疵對於信賴關係、人際關係有負面影響。

14 對為私人問題煩惱的部屬之優勢話

※煩惱帶給工作惡劣的影響時

工作人員在工作場所中會有各種的煩惱。例如：工作不順、工作場所中人際關係有問題等，煩惱及問題就會一個接一個地出現。

對於部屬在工作場所中所產生的煩惱及問題。管理者及領導者應替其消除且解決。但對於部屬的私人問題及煩惱若太介入，會被回絕：「這是個人隱私和課長無關」以致於不知所措，所以最好不要插手。

不過，若部屬的私人問題及煩惱，會帶給工作惡劣的影響時就另當別論了。對於因煩惱及問題而工作延誤、失敗錯誤繁多的情況，管理者及領導者不可袖手旁觀。

【要訣】聆聽其煩惱問題，要在無第三者處

「部屬的煩惱也就是上司的煩惱，無論如何希望你透露一下原因」在這優勢語中，這句「部屬的煩惱也就是上司的煩惱」即可打動對方的心。

因為這意味：「部屬和上司是一體的，煩惱是共有的，何不一起來消除、解決呢？」聽上司這麼一說，部屬就會想吐露自己的煩惱及問題。以往的「私人的煩惱及問題，沒必要跟上司說」這種想法也就會改變，而想一吐自己的煩惱及問題。倘若部屬有意吐露私人的煩惱及問題時，要儘量在無第三者處聆聽。

※煩惱帶給工作惡劣的影響時

雖說是煩惱及問題，也會因而有不同的性質。而煩惱的強弱也因人而異。

由個性來看：忍耐力強的人，並不會把煩惱表露於外，卻會一直忍耐。相反地，若個性脆弱，欠缺忍耐力的人，煩惱就會流露在態度及表情中。有些人甚至無法工作，只會長吁短嘆。

光長吁短嘆而不想工作的人還算好，有些人則忍受不了煩惱而缺席。因為缺席必定會給旁人添麻煩，所以管理者及領導者不但要打電話連絡，且要提醒他切勿缺席。

不過，縱使出席了，也是無法積極地致力於工作。即使工作，由於心中早被煩惱所占滿了，以致再三地失敗、犯錯。看到這種情況，管理者及領導者也許會想大罵：「你在幹什麼！」但是情緒化是無法打動部屬的心。

「不要將個人的煩惱、問題帶到工作上，那才是職業化」，這種優勢語才能打動其心。如此冷靜地訓諭是很重要的。

這優勢語可使部屬理解：「公司是工作的場所，即使有煩惱及問題，也不應帶進工作中，這才是真正職業化的上班族」。倘若部屬認為：「希望早日成為職業化的上班族。」就應該會警覺到上司的話。

【要訣】倘若有所成就，就值得稱讚

倘若部屬因「不要將個人的煩惱問題帶到工作上，那才是職業化」這句優勢語而奮起，積極地致力於工作而有所成就的話，當然值得稱讚。

而且這比平常都更值得大加稱讚說：「真是刻苦耐勞，幹得好！」即使有煩惱及問題，仍致力於工作而有成就，對本人來說是很不容易的。尤其是對於多愁善感的年輕人，可說是很拼命地在做了。

因此，要真誠地認同其努力，然後大加讚美一番。「自己被認同」、「被上司稱讚」這種喜悅，可以消解煩惱及問題。而且除了口頭上的稱讚且要付諸行動，如掏腰包請喝酒等。如此一來部屬會更加感激，也許煩惱就會一掃而光。

※煩惱帶給工作惡劣的影響時

因個人的煩惱而悶悶不樂雖是人之常情，但若因煩惱而不想著手工作的話，就可說是喪失了上班族的資格。

不可將私情帶入工作中是上班族的原則。因為工作是理性的行為，倘若承受了煩惱等情緒，就不可能致力於原來的工作。

也就是身為一流的事務員、優秀的職業婦女，必須有控制煩惱等情緒的理性。若長吁短嘆而不想著手工作，且因煩惱而心神不寧，導致失敗犯錯的人，若被批評為非一流的上班族，就必須心甘情願地忍受。

尤其是肩負重任的事務員，更是被要求具有卓越的理性。縱使有煩惱也必須自我控制，沈著地工作，才能達到預期的目標。

雖說如此，但倘若有悶悶不樂，不想著手工作且長期給大家添麻煩的部屬，應對他明言：「愁眉苦臉的人，不像男子漢」或者：「一直愁眉苦臉，是男人之恥」這些優勢語，重點即是打動其「男子漢」之心。

【要訣】真正的男子漢為何？自己也要想想

若說：「愁眉苦臉的人，不像男子漢」年輕的部屬中，也許會有人反問：「什麼才是男子漢？」對此種反問當然要能回答。關於男子漢，自己的想法必須要明確。

對於「男子漢」的想法雖因人而異，但一般來說，有下列幾項：

1、擁有能控制感情的堅強理性。意即常以理性來行動。

2、無論在何種情況下，都不會忘記自己的任務及使命。且一直持有想完成自己所擔負的責任這種強烈的責任感。

3、不論任何事，皆不會動搖，態度沈著、堅毅。

※給煩惱的部屬勇氣

所謂的煩惱、心結，其程度、情況會因人而異。也就是說，煩惱的強弱、嚴重度，因人而異。同質同量的事，可說是不可能的。

例如，以失戀的煩惱來說，有人因失戀而不寢不食。但也有人只會很坦白地說：「我失戀了。」而發呆。這二者失戀的煩惱，其程度和嚴重性就迴然不同。

同時，對同一件事，有人會產生煩惱，有人卻不會。

例如，假設此時此地有正在熱戀中的男性，他的戀人和其他男友出去遊玩。在這情況下，「和其他男性交往，可擴大人際關係，並非壞事」這麼想的固然有，但也有「絕對不可允許戀人和其他男性交往」想法的人，以致於焦急、煩惱。

如此，所謂的煩惱，並非所有人的感受都相同。

有人會為芝麻小事而煩惱，因此，若有為芝麻小事而煩惱的部屬時，「那根本不算什麼，還有人有更嚴重的煩惱」，這種給予勇氣的方法應是可行的！

【要訣】不可傷對方的心

「那根本不算什麼，還有人有更嚴重的煩惱」這種說法，有此種意味：「還有其他人為更嚴重的煩惱所苦，相比之下，你的煩惱實在渺小，不必為此煩惱。」

也就是說，把煩惱的程度和他人相比，可使其自覺「自己的煩惱是多麼地渺少」而產生勇氣。

不過，有的煩惱由管理者及領導者方面看來，雖是「小煩惱」、「不值一提」，但由本人看來卻感到是「大煩惱」、「嚴重的後果」，這種情況很多。因而要注意絕不可說：「為那種事煩惱，你最差勁了」來傷對方的心。

當然對他加以安慰。但即使說：「失戀了也不要愁眉苦臉，往後還有很多戀愛的機會」「失戀最佳的良藥即重新戀愛。」也無法立即消除對方的煩惱，僅是稍加安慰而已。

※有失戀煩惱的部屬

縱使部屬吐露了其煩惱及問題，卻常常無法給予忠告、建議來解決的情況。

例如，部屬因失戀而煩惱的情況即是其中之一。對於因失戀而悶悶不樂的部屬「這麼做即可消解煩惱」，這種建議是無法給予的。

對於因失戀而煩惱的部屬，因無法解決去除煩惱的方法，所以只好任其自然，或者只能說：「煩惱時真是很煩惱，煩惱會使人頭大。」之類的應付話。

「煩惱時真是很煩惱、煩惱會使人頭大」，雖是安慰的話語，但這話的後半部：「煩惱會使人頭大」應能打動部屬的心。倘若部屬認為：「人就是靠煩惱而成長的」，這種把煩惱視為人人皆要嘗試的磨練，情緒多少會快樂些。

【要訣】光聽就好

對於因失戀或離婚而煩惱的部屬，如前所述，是無法給予提示、主意來替其消除煩惱的。不過，由於不可就此任其部屬煩惱、苦悶之故，不妨聽其傾訴。若是聽其傾訴，部屬定會立刻神清氣爽，恢復元氣。

人一有煩惱、問題，就會情緒鬱悶。但內心的煩惱、心結，一向人傾吐，吐露出心中的鬱悶後，就會心情舒暢。這就是內心淨化作用（Katharsis）。聆聽心中有煩惱、心結的部屬傾訴時，要誠摯地傾耳聆聽，絕不可批評或非難。光聽就好，是很重要的！

15 對製造煩惱的人所使用的優勢話

※讓他反省自己的所為

部屬當中，都會有一、二個人會製造麻煩的人。而所謂製造麻煩的人，通常是指工作時只會出差錯，參加會議時常常說一些狂妄的話，而妨礙會議的進行，或者是只會說別人壞話等。

對於這種專門製造麻煩的人，身為一個管理者及領導者，都應將之開除。然而，若將他們開除的話，又會造成那個部門的人事異動，到時候還是會有問題發生。因此，從公司整體看來，開除並不是一項很好的對策。

若是開除行不通的話，索性不管也不是辦法。身為一個優秀的領導者及管理者並不是採取開除的手段，而應該設法使之改變，使之成為公司的一個正規職員。

通常，會製造麻煩的人都具有勝任工作的能力與資質，所以常常會製造一些麻煩，大部分由於他們心理有心結及很多因素所造成的。

因此，使之心態改變是非常重要的，這裡所使用的優勢話則為「你若常製造麻煩，損失最大的還是你自己！」

【要訣】特別強調言行上的損失

使用「你若常製造麻煩，損失最大的還是你自己」的優勢話時，最好採取將損失為何？明白地告訴他。

對於常常製造一些麻煩的人而言，大多由於是出於什麼動機或者是心情不好等原因。因此，在引發一些問題時往往不顧前後，也不考慮其行動而口出狂言。由於自己的行為完全不經過思考，也沒有考慮到自己的利害得失而讓人瞧不起。

所以，管理者及領導者必須使用上述的優勢話，使部屬能夠自我反省。也就是指出他自己所做的事。對於自己而言是得？還是失？若能再指出「若再製造麻煩的話，在人事課的評價就會不好，昇遷及獎賞的機會也減少」等例子。效果會更好。

※重複同樣失敗的部屬

工作失敗及犯錯是經常有之事，但是對於每次的失敗都必須學到什麼?下次不要再犯同樣的失敗及錯誤。因此，對於因失敗而意志消沈的部屬，都必須鼓勵他再接再厲。

但是，對於工作一直都失敗的部屬，必須採用不同的推進法。事實上，很多部屬之中常常有人一直失敗及犯錯，而且都是犯同樣的錯。最可惡的是，即使犯了同樣的錯誤，一點也沒有想要反省、後悔的表情。

對於這種人，絕不能使用「人在每次失敗中都會成長」的優勢話。，必須使用別的優勢話，而這裡所使用的優勢話為「你這樣做，公司會損失很大」。由於公司為培養一個人才，所花費的費用相當大。因此，若對於此種部屬說這種話時，他們應該會反省自己，而覺得自己很愧對於公司，因此就有可能改變他的心態。

【要訣】具體地說出損失的金額數目

若使用上述的優勢話時，指出所損失為多少非常重要。

也就是說，具體的提出損害額的數字很重要。如果只是採用「對公司造成很大的損失」的說法，但卻不說明損失的程度，亦即不表明損失額是多少的話，那麼就無法打動那些製造狀況者的心。

為了要讓這些製造麻煩的人反省，就要具體提出金額。例如：「這項工作失敗，損失〇元的人事費用，而且要以三個人的力量來彌補，又需要多付出〇元的人事費用，再加上延期交貨，損失了〇元，所以總計損失了〇元。」要具體的提出數字加以說明，這樣才能讓那些惹事者深刻的反省。

※遇到喜歡散佈壞話或謠言的部屬時

喜歡說他人的壞話，似乎是一件很快樂的事情。其證據就是經常看到一些上班族聚集在酒店或特種營業場所批評同事，當成茶餘飯後的話題來討論。

女性上班族也很厲害哦！三五成群聚在一起，開始在背後說公司中其他同事的壞話。男性如此，女性更是如此。

這些幾乎都是無聊的閒話，如果聽過之後就一笑置之，那還沒什麼問題，只不過這些閒話大半都是壞話。一旦被本人知道了，就會對那些說自己壞話的同事心生怨恨，導致人際關係破壞。

如果心中的怨恨能發洩到那些說壞話的人的身上，這樣還好，但是有些被說壞話的人心中的怨氣無法發洩，自尋煩惱，最後罹患神經衰弱症。

因此，身為管理者、領導者，必須提醒部屬不要說他人的壞話，其中關鍵的優勢話是「你們所說的壞話，會使得某些人變得神經衰弱」。

但是，在使用此優勢話時，必須確實握有對××部屬所散佈謠言的證據。否則，只聽別人說××部屬說了誰的壞話，而使用此優勢話時，可能還會引起別的問題。

【要訣】說明背後說人壞話的不當

對於經常散佈別人壞話的部屬，於使用上述的優勢話之後，必須讓他知道為什麼說人家的壞話是一件不好的事。

首先，必須讓他知道在背後說人家壞話是一件非常卑劣的行為。若想說的話，必須正正當當地於那個人面前說。然後讓他領悟到，即使謠言屬實，若在背後批評人家，也會傷到別人的自尊心。況且，謠言若不屬實的話，不僅會引起別人的懷恨，且和對方的信賴關係也會破壞。而且最好告訴部屬，以後在公司的人際關係，不僅會和當事人搞得不好，就連公司上下職員的人際關係也會有所阻礙。

※對於自己的言行不知是對是錯的部屬

對於經常製造麻煩的人，通常是不受周圍的人的歡迎。而且是一味地遭人討厭，甚至是不被重視。

對於這種製造麻煩的人，應該不會有人會說：「由於你常常製造一些問題，我不喜歡和你一起工作」的話。因為大家都認為是同事一場，並不需要表現出來。若說出來，搞不好又會製造一些新問題，就乾脆閉口不言了。

然而，若是製造麻煩的部屬自己不知道不受歡迎時，管理者及領導者就必須提醒他。這裡所使用的優勢話為「你的言行不受大家的歡迎」。

【要訣】若部屬改過之後，讓他覺得和同事是一夥的

使用上述的優勢話，並不是希望部屬和同事變得疏遠，而是希望部屬能很融洽地和同事相處。我想即使是一個專門製造麻煩的人，聽了這句優勢話也會感到和同事之間的距離疏遠，是一件很傷腦筋的事而想要悔改。

若製造麻煩的人真能悔改，而表示出協力、協調的態度時，周圍的人應該忘記前嫌而待他如同事一般。若已經悔改了，大家卻又表示出不願意和他一起工作的態度時，就可能再恢復原來的狀態。

因此，管理者及領導者必須指導大家，不能對已悔改的部屬採取疏遠的態度。

※必須採取處罰方式而使之悔改

對於再怎麼注意還是會常常犯錯製造麻煩者，所使用的優勢話雖然有很多種，但每一種優勢話最主要的都是希望能使製造麻煩者真正悔改，並改變其態度。

對於不解雇製造麻煩者。因為站在人情上的管理，而採用優勢話使之悔改之。換句話說，站在人性本善的性善說的立場，而考慮採用「優勢話」。

但是，若只基於性善說，還是不一定能管理及指導部屬。於『大學』中有所謂「小人閒居為不善」等話，指出人也會為惡的性惡說。人若一旦做惡，不予處罰的話，就可能無法改正其不好的行為。

製造麻煩者雖不是做一些觸及法律的惡舉。但由於會妨礙達成工作的目標，對管理者而言並非一件好事。

而對於此惡舉應該如何處置呢？若觸犯公司的就業規則及服務規程時，雖然一定要給予很重的處罰。然而對於此製造麻煩者的處罰，則採取「不給予工作」的處罰方式較有效。而這裡所使用的優勢話為「你若常出問題，就不給予你工作」。

【要訣】不要馬上停止他的工作，先觀察一陣子

若使用上述的優勢話時，最好不要馬上停止他的工作，先要觀察一陣子。

因為對於一個職員而言，沒有工作簡直在公司無以自容。若你不給予他任何工作時，會造成他心理上非常大的壓迫。

雖然自己是個製造麻煩的人，但是，一旦自己的工作要被剝奪，就應該知道自己闖了

什麼禍。因此，若說了上述的優勢話，一定可以使之悔改，改變態度。

在觀察一陣子之後，若還是沒有悔改之意時，就可以真正地採取行動。而一旦工作被奪走之後，部屬若能承認自己的過錯並表示道歉的話，當然就可以再給予他工作的機會。

大展出版社有限公司	圖書目錄

地址：台北市北投區(石牌)
致遠一路二段 12 巷 1 號
郵撥：0166955～1
電話：(02)28236031
28236033
傳真：(02)28272069

・法律專欄連載・電腦編號 58

台大法學院　法律學系／策劃
法律服務社／編著

1. 別讓您的權利睡著了 1		200 元
2. 別讓您的權利睡著了 2		200 元

・秘傳占卜系列・電腦編號 14

1. 手相術	淺野八郎著	180 元
2. 人相術	淺野八郎著	180 元
3. 西洋占星術	淺野八郎著	180 元
4. 中國神奇占卜	淺野八郎著	150 元
5. 夢判斷	淺野八郎著	150 元
6. 前世、來世占卜	淺野八郎著	150 元
7. 法國式血型學	淺野八郎著	150 元
8. 靈感、符咒學	淺野八郎著	150 元
9. 紙牌占卜學	淺野八郎著	150 元
10. ESP 超能力占卜	淺野八郎著	150 元
11. 猶太數的秘術	淺野八郎著	150 元
12. 新心理測驗	淺野八郎著	160 元
13. 塔羅牌預言秘法	淺野八郎著	200 元

・趣味心理講座・電腦編號 15

1. 性格測驗① 探索男與女	淺野八郎著	140 元
2. 性格測驗② 透視人心奧秘	淺野八郎著	140 元
3. 性格測驗③ 發現陌生的自己	淺野八郎著	140 元
4. 性格測驗④ 發現你的真面目	淺野八郎著	140 元
5. 性格測驗⑤ 讓你們吃驚	淺野八郎著	140 元
6. 性格測驗⑥ 洞穿心理盲點	淺野八郎著	140 元
7. 性格測驗⑦ 探索對方心理	淺野八郎著	140 元
8. 性格測驗⑧ 由吃認識自己	淺野八郎著	160 元
9. 性格測驗⑨ 戀愛知多少	淺野八郎著	160 元
10. 性格測驗⑩ 由裝扮瞭解人心	淺野八郎著	160 元

11.	性格測驗⑪ 敲開內心玄機	淺野八郎著	140 元
12.	性格測驗⑫ 透視你的未來	淺野八郎著	160 元
13.	血型與你的一生	淺野八郎著	160 元
14.	趣味推理遊戲	淺野八郎著	160 元
15.	行為語言解析	淺野八郎著	160 元

・婦 幼 天 地・電腦編號 16

1.	八萬人減肥成果	黃靜香譯	180 元
2.	三分鐘減肥體操	楊鴻儒譯	150 元
3.	窈窕淑女美髮秘訣	柯素娥譯	130 元
4.	使妳更迷人	成 玉譯	130 元
5.	女性的更年期	官舒妍編譯	160 元
6.	胎內育兒法	李玉瓊編譯	150 元
7.	早產兒袋鼠式護理	唐岱蘭譯	200 元
8.	初次懷孕與生產	婦幼天地編譯組	180 元
9.	初次育兒 12 個月	婦幼天地編譯組	180 元
10.	斷乳食與幼兒食	婦幼天地編譯組	180 元
11.	培養幼兒能力與性向	婦幼天地編譯組	180 元
12.	培養幼兒創造力的玩具與遊戲	婦幼天地編譯組	180 元
13.	幼兒的症狀與疾病	婦幼天地編譯組	180 元
14.	腿部苗條健美法	婦幼天地編譯組	180 元
15.	女性腰痛別忽視	婦幼天地編譯組	150 元
16.	舒展身心體操術	李玉瓊編譯	130 元
17.	三分鐘臉部體操	趙薇妮著	160 元
18.	生動的笑容表情術	趙薇妮著	160 元
19.	心曠神怡減肥法	川津祐介著	130 元
20.	內衣使妳更美麗	陳玄茹譯	130 元
21.	瑜伽美姿美容	黃靜香編著	180 元
22.	高雅女性裝扮學	陳珮玲譯	180 元
23.	蠶糞肌膚美顏法	坂梨秀子著	160 元
24.	認識妳的身體	李玉瓊譯	160 元
25.	產後恢復苗條體態	居理安・芙萊喬著	200 元
26.	正確護髮美容法	山崎伊久江著	180 元
27.	安琪拉美姿養生學	安琪拉蘭斯博瑞著	180 元
28.	女體性醫學剖析	增田豐著	220 元
29.	懷孕與生產剖析	岡部綾子著	180 元
30.	斷奶後的健康育兒	東城百合子著	220 元
31.	引出孩子幹勁的責罵藝術	多湖輝著	170 元
32.	培養孩子獨立的藝術	多湖輝著	170 元
33.	子宮肌瘤與卵巢囊腫	陳秀琳編著	180 元
34.	下半身減肥法	納他夏・史達賓著	180 元
35.	女性自然美容法	吳雅菁編著	180 元
36.	再也不發胖	池園悅太郎著	170 元

37. 生男生女控制術	中垣勝裕著	220 元
38. 使妳的肌膚更亮麗	楊　皓編著	170 元
39. 臉部輪廓變美	芝崎義夫著	180 元
40. 斑點、皺紋自己治療	高須克彌著	180 元
41. 面皰自己治療	伊藤雄康著	180 元
42. 隨心所欲瘦身冥想法	原久子著	180 元
43. 胎兒革命	鈴木丈織著	180 元
44. NS 磁氣平衡法塑造窈窕奇蹟	古屋和江著	180 元
45. 享瘦從腳開始	山田陽子著	180 元
46. 小改變瘦 4 公斤	宮本裕子著	180 元
47. 軟管減肥瘦身	高橋輝男著	180 元
48. 海藻精神秘美容法	劉名揚編著	180 元
49. 肌膚保養與脫毛	鈴木真理著	180 元
50. 10 天減肥 3 公斤	彤雲編輯組	180 元
51. 穿出自己的品味	西村玲子著	280 元
52. 小孩髮型設計	李芳黛譯	250 元

·青春天地· 電腦編號 17

1. A 血型與星座	柯素娥編譯	160 元
2. B 血型與星座	柯素娥編譯	160 元
3. O 血型與星座	柯素娥編譯	160 元
4. AB 血型與星座	柯素娥編譯	120 元
5. 青春期性教室	呂貴嵐編譯	130 元
7. 難解數學破題	宋釗宜編譯	130 元
9. 小論文寫作秘訣	林顯茂編譯	120 元
11. 中學生野外遊戲	熊谷康編著	120 元
12. 恐怖極短篇	柯素娥編譯	130 元
13. 恐怖夜話	小毛驢編譯	130 元
14. 恐怖幽默短篇	小毛驢編譯	120 元
15. 黑色幽默短篇	小毛驢編譯	120 元
16. 靈異怪談	小毛驢編譯	130 元
17. 錯覺遊戲	小毛驢編著	130 元
18. 整人遊戲	小毛驢編著	150 元
19. 有趣的超常識	柯素娥編譯	130 元
20. 哦！原來如此	林慶旺編譯	130 元
21. 趣味競賽 100 種	劉名揚編譯	120 元
22. 數學謎題入門	宋釗宜編譯	150 元
23. 數學謎題解析	宋釗宜編譯	150 元
24. 透視男女心理	林慶旺編譯	120 元
25. 少女情懷的自白	李桂蘭編譯	120 元
26. 由兄弟姊妹看命運	李玉瓊編譯	130 元
27. 趣味的科學魔術	林慶旺編譯	150 元
28. 趣味的心理實驗室	李燕玲編譯	150 元

29. 愛與性心理測驗	小毛驢編譯	130 元
30. 刑案推理解謎	小毛驢編譯	180 元
31. 偵探常識推理	小毛驢編譯	180 元
32. 偵探常識解謎	小毛驢編譯	130 元
33. 偵探推理遊戲	小毛驢編譯	130 元
34. 趣味的超魔術	廖玉山編著	150 元
35. 趣味的珍奇發明	柯素娥編著	150 元
36. 登山用具與技巧	陳瑞菊編著	150 元
37. 性的漫談	蘇燕謀編著	180 元
38. 無的漫談	蘇燕謀編著	180 元
39. 黑色漫談	蘇燕謀編著	180 元
40. 白色漫談	蘇燕謀編著	180 元

・健康天地・電腦編號 18

1. 壓力的預防與治療	柯素娥編譯	130 元
2. 超科學氣的魔力	柯素娥編譯	130 元
3. 尿療法治病的神奇	中尾良一著	130 元
4. 鐵證如山的尿療法奇蹟	廖玉山譯	120 元
5. 一日斷食健康法	葉慈容編譯	150 元
6. 胃部強健法	陳炳崑譯	120 元
7. 癌症早期檢查法	廖松濤譯	160 元
8. 老人痴呆症防止法	柯素娥編譯	130 元
9. 松葉汁健康飲料	陳麗芬編譯	130 元
10. 揉肚臍健康法	永井秋夫著	150 元
11. 過勞死、猝死的預防	卓秀貞編譯	130 元
12. 高血壓治療與飲食	藤山順豐著	180 元
13. 老人看護指南	柯素娥編譯	150 元
14. 美容外科淺談	楊啟宏著	150 元
15. 美容外科新境界	楊啟宏著	150 元
16. 鹽是天然的醫生	西英司郎著	140 元
17. 年輕十歲不是夢	梁瑞麟譯	200 元
18. 茶料理治百病	桑野和民著	180 元
19. 綠茶治病寶典	桑野和民著	150 元
20. 杜仲茶養顏減肥法	西田博著	150 元
21. 蜂膠驚人療效	瀨長良三郎著	180 元
22. 蜂膠治百病	瀨長良三郎著	180 元
23. 醫藥與生活㈠	鄭炳全著	180 元
24. 鈣長生寶典	落合敏著	180 元
25. 大蒜長生寶典	木下繁太郎著	160 元
26. 居家自我健康檢查	石川恭三著	160 元
27. 永恆的健康人生	李秀鈴譯	200 元
28. 大豆卵磷脂長生寶典	劉雪卿譯	150 元
29. 芳香療法	梁艾琳譯	160 元

30. 醋長生寶典	柯素娥譯	180 元
31. 從星座透視健康	席拉・吉蒂斯著	180 元
32. 愉悅自在保健學	野本二士夫著	160 元
33. 裸睡健康法	丸山淳士等著	160 元
34. 糖尿病預防與治療	藤田順豐著	180 元
35. 維他命長生寶典	菅原明子著	180 元
36. 維他命 C 新效果	鐘文訓編	150 元
37. 手、腳病理按摩	堤芳朗著	160 元
38. AIDS 瞭解與預防	彼得塔歇爾著	180 元
39. 甲殼質殼聚糖健康法	沈永嘉譯	160 元
40. 神經痛預防與治療	木下真男著	160 元
41. 室內身體鍛鍊法	陳炳崑編著	160 元
42. 吃出健康藥膳	劉大器編著	180 元
43. 自我指壓術	蘇燕謀編著	160 元
44. 紅蘿蔔汁斷食療法	李玉瓊編著	150 元
45. 洗心術健康秘法	竺翠萍編譯	170 元
46. 枇杷葉健康療法	柯素娥編譯	180 元
47. 抗衰血癒	楊啟宏著	180 元
48. 與癌搏鬥記	逸見政孝著	180 元
49. 冬蟲夏草長生寶典	高橋義博著	170 元
50. 痔瘡・大腸疾病先端療法	宮島伸宜著	180 元
51. 膠布治癒頑固慢性病	加瀨建造著	180 元
52. 芝麻神奇健康法	小林貞作著	170 元
53. 香煙能防止癡呆？	高田明和著	180 元
54. 穀菜食治癌療法	佐藤成志著	180 元
55. 貼藥健康法	松原英多著	180 元
56. 克服癌症調和道呼吸法	帶津良一著	180 元
57. B 型肝炎預防與治療	野村喜重郎著	180 元
58. 青春永駐養生導引術	早島正雄著	180 元
59. 改變呼吸法創造健康	原久子著	180 元
60. 荷爾蒙平衡養生秘訣	出村博著	180 元
61. 水美肌健康法	井戶勝富著	170 元
62. 認識食物掌握健康	廖梅珠編著	170 元
63. 痛風劇痛消除法	鈴木吉彥著	180 元
64. 酸莖菌驚人療效	上田明彥著	180 元
65. 大豆卵磷脂治現代病	神津健一著	200 元
66. 時辰療法—危險時刻凌晨 4 時	呂建強等著	180 元
67. 自然治癒力提升法	帶津良一著	180 元
68. 巧妙的氣保健法	藤平墨子著	180 元
69. 治癒 C 型肝炎	熊田博光著	180 元
70. 肝臟病預防與治療	劉名揚編著	180 元
71. 腰痛平衡療法	荒井政信著	180 元
72. 根治多汗症、狐臭	稻葉益巳著	220 元
73. 40 歲以後的骨質疏鬆症	沈永嘉譯	180 元

74. 認識中藥　松下一成著　180 元
75. 認識氣的科學　佐佐木茂美著　180 元
76. 我戰勝了癌症　安田伸著　180 元
77. 斑點是身心的危險信號　中野進著　180 元
78. 艾波拉病毒大震撼　玉川重德著　180 元
79. 重新還我黑髮　桑名隆一郎著　180 元
80. 身體節律與健康　林博史著　180 元
81. 生薑治萬病　石原結實著　180 元
82. 靈芝治百病　陳瑞東著　180 元
83. 木炭驚人的威力　大槻彰著　200 元
84. 認識活性氧　井土貴司著　180 元
85. 深海鮫治百病　廖玉山編著　180 元
86. 神奇的蜂王乳　井上丹治著　180 元
87. 卡拉 OK 健腦法　東潔著　180 元
88. 卡拉 OK 健康法　福田伴男著　180 元
89. 醫藥與生活㈡　鄭炳全著　200 元
90. 洋蔥治百病　宮尾興平著　180 元
91. 年輕 10 歲快步健康法　石塚忠雄著　180 元
92. 石榴的驚人神效　岡本順子著　180 元
93. 飲料健康法　白鳥早奈英著　180 元
94. 健康棒體操　劉名揚編譯　180 元
95. 催眠健康法　蕭京凌編著　180 元
96. 鬱金（美王）治百病　水野修一著　180 元

・實用女性學講座・電腦編號 19

1. 解讀女性內心世界　島田一男著　150 元
2. 塑造成熟的女性　島田一男著　150 元
3. 女性整體裝扮學　黃靜香編著　180 元
4. 女性應對禮儀　黃靜香編著　180 元
5. 女性婚前必修　小野十傳著　200 元
6. 徹底瞭解女人　田口二州著　180 元
7. 拆穿女性謊言 88 招　島田一男著　200 元
8. 解讀女人心　島田一男著　200 元
9. 俘獲女性絕招　志賀貢著　200 元
10. 愛情的壓力解套　中村理英子著　200 元
11. 妳是人見人愛的女孩　廖松濤編著　200 元

・校園系列・電腦編號 20

1. 讀書集中術　多湖輝著　180 元
2. 應考的訣竅　多湖輝著　150 元
3. 輕鬆讀書贏得聯考　多湖輝著　150 元

4. 讀書記憶秘訣	多湖輝著	150 元
5. 視力恢復！超速讀術	江錦雲譯	180 元
6. 讀書 36 計	黃柏松編著	180 元
7. 驚人的速讀術	鐘文訓編著	170 元
8. 學生課業輔導良方	多湖輝著	180 元
9. 超速讀超記憶法	廖松濤編著	180 元
10. 速算解題技巧	宋釗宜編著	200 元
11. 看圖學英文	陳炳崑編著	200 元
12. 讓孩子最喜歡數學	沈永嘉譯	180 元
13. 催眠記憶術	林碧清譯	180 元
14. 催眠速讀術	林碧清譯	180 元
15. 數學式思考學習法	劉淑錦譯	200 元
16. 考試憑要領	劉孝暉著	180 元
17. 事半功倍讀書法	王毅希著	200 元
18. 超金榜題名術	陳蒼杰譯	200 元

・實用心理學講座・電腦編號 21

1. 拆穿欺騙伎倆	多湖輝著	140 元
2. 創造好構想	多湖輝著	140 元
3. 面對面心理術	多湖輝著	160 元
4. 偽裝心理術	多湖輝著	140 元
5. 透視人性弱點	多湖輝著	140 元
6. 自我表現術	多湖輝著	180 元
7. 不可思議的人性心理	多湖輝著	180 元
8. 催眠術入門	多湖輝著	150 元
9. 責罵部屬的藝術	多湖輝著	150 元
10. 精神力	多湖輝著	150 元
11. 厚黑說服術	多湖輝著	150 元
12. 集中力	多湖輝著	150 元
13. 構想力	多湖輝著	150 元
14. 深層心理術	多湖輝著	160 元
15. 深層語言術	多湖輝著	160 元
16. 深層說服術	多湖輝著	180 元
17. 掌握潛在心理	多湖輝著	160 元
18. 洞悉心理陷阱	多湖輝著	180 元
19. 解讀金錢心理	多湖輝著	180 元
20. 拆穿語言圈套	多湖輝著	180 元
21. 語言的內心玄機	多湖輝著	180 元
22. 積極力	多湖輝著	180 元

・超現實心理講座・電腦編號 22

1.	超意識覺醒法	詹蔚芬編譯	130 元
2.	護摩秘法與人生	劉名揚編譯	130 元
3.	秘法！超級仙術入門	陸明譯	150 元
4.	給地球人的訊息	柯素娥編著	150 元
5.	密教的神通力	劉名揚編著	130 元
6.	神秘奇妙的世界	平川陽一著	200 元
7.	地球文明的超革命	吳秋嬌譯	200 元
8.	力量石的秘密	吳秋嬌譯	180 元
9.	超能力的靈異世界	馬小莉譯	200 元
10.	逃離地球毀滅的命運	吳秋嬌譯	200 元
11.	宇宙與地球終結之謎	南山宏著	200 元
12.	驚世奇功揭秘	傅起鳳著	200 元
13.	啟發身心潛力心象訓練法	栗田昌裕著	180 元
14.	仙道術遁甲法	高藤聰一郎著	220 元
15.	神通力的秘密	中岡俊哉著	180 元
16.	仙人成仙術	高藤聰一郎著	200 元
17.	仙道符咒氣功法	高藤聰一郎著	220 元
18.	仙道風水術尋龍法	高藤聰一郎著	200 元
19.	仙道奇蹟超幻像	高藤聰一郎著	200 元
20.	仙道鍊金術房中法	高藤聰一郎著	200 元
21.	奇蹟超醫療治癒難病	深野一幸著	220 元
22.	揭開月球的神秘力量	超科學研究會	180 元
23.	西藏密教奧義	高藤聰一郎著	250 元
24.	改變你的夢術入門	高藤聰一郎著	250 元
25.	21 世紀拯救地球超技術	深野一幸著	250 元

・養 生 保 健・電腦編號 23

1.	醫療養生氣功	黃孝寬著	250 元
2.	中國氣功圖譜	余功保著	250 元
3.	少林醫療氣功精粹	井玉蘭著	250 元
4.	龍形實用氣功	吳大才等著	220 元
5.	魚戲增視強身氣功	宮　嬰著	220 元
6.	嚴新氣功	前新培金著	250 元
7.	道家玄牝氣功	張　章著	200 元
8.	仙家秘傳袪病功	李遠國著	160 元
9.	少林十大健身功	秦慶豐著	180 元
10.	中國自控氣功	張明武著	250 元
11.	醫療防癌氣功	黃孝寬著	250 元
12.	醫療強身氣功	黃孝寬著	250 元
13.	醫療點穴氣功	黃孝寬著	250 元

14. 中國八卦如意功	趙維漢著	180元
15. 正宗馬禮堂養氣功	馬禮堂著	420元
16. 秘傳道家筋經內丹功	王慶餘著	280元
17. 三元開慧功	辛桂林著	250元
18. 防癌治癌新氣功	郭　林著	180元
19. 禪定與佛家氣功修煉	劉天君著	200元
20. 顛倒之術	梅自強著	360元
21. 簡明氣功辭典	吳家駿編	360元
22. 八卦三合功	張全亮著	230元
23. 朱砂掌健身養生功	楊永著	250元
24. 抗老功	陳九鶴著	230元
25. 意氣按穴排濁自療法	黃啟運編著	250元
26. 陳式太極拳養生功	陳正雷著	200元
27. 健身祛病小功法	王培生著	200元
28. 張式太極混元功	張春銘著	250元

・社會人智囊・電腦編號 24

1. 糾紛談判術	清水增三著	160元
2. 創造關鍵術	淺野八郎著	150元
3. 觀人術	淺野八郎著	180元
4. 應急詭辯術	廖英迪編著	160元
5. 天才家學習術	木原武一著	160元
6. 貓型狗式鑑人術	淺野八郎著	180元
7. 逆轉運掌握術	淺野八郎著	180元
8. 人際圓融術	澀谷昌三著	160元
9. 解讀人心術	淺野八郎著	180元
10. 與上司水乳交融術	秋元隆司著	180元
11. 男女心態定律	小田晉著	180元
12. 幽默說話術	林振輝編著	200元
13. 人能信賴幾分	淺野八郎著	180元
14. 我一定能成功	李玉瓊譯	180元
15. 獻給青年的嘉言	陳蒼杰譯	180元
16. 知人、知面、知其心	林振輝編著	180元
17. 塑造堅強的個性	坂上肇著	180元
18. 為自己而活	佐藤綾子著	180元
19. 未來十年與愉快生活有約	船井幸雄著	180元
20. 超級銷售話術	杜秀卿譯	180元
21. 感性培育術	黃靜香編著	180元
22. 公司新鮮人的禮儀規範	蔡媛惠譯	180元
23. 傑出職員鍛鍊術	佐佐木正著	180元
24. 面談獲勝戰略	李芳黛譯	180元
25. 金玉良言撼人心	森純大著	180元
26. 男女幽默趣典	劉華亭編著	180元

27. 機智說話術	劉華亭編著	180 元
28. 心理諮商室	柯素娥譯	180 元
29. 如何在公司崢嶸頭角	佐佐木正著	180 元
30. 機智應對術	李玉瓊編著	200 元
31. 克服低潮良方	坂野雄二著	180 元
32. 智慧型說話技巧	沈永嘉編著	180 元
33. 記憶力、集中力增進術	廖松濤編著	180 元
34. 女職員培育術	林慶旺編著	180 元
35. 自我介紹與社交禮儀	柯素娥編著	180 元
36. 積極生活創幸福	田中真澄著	180 元
37. 妙點子超構想	多湖輝著	180 元
38. 說 NO 的技巧	廖玉山編著	180 元
39. 一流說服力	李玉瓊編著	180 元
40. 般若心經成功哲學	陳鴻蘭編著	180 元
41. 訪問推銷術	黃靜香編著	180 元
42. 男性成功秘訣	陳蒼杰編著	180 元
43. 笑容、人際智商	宮川澄子著	180 元
44. 多湖輝的構想工作室	多湖輝著	200 元
45. 名人名語啟示錄	喬家楓著	180 元
46. 口才必勝術	黃柏松編著	220 元
47. 能言善道的說話術	章智冠編著	180 元
48. 改變人心成為贏家	多湖輝著	200 元
49. 說服的ＩＱ	沈永嘉譯	200 元
50. 提升腦力超速讀術	齊藤英治著	200 元
51. 操控對手百戰百勝	多湖輝著	200 元

・精 選 系 列・電腦編號 25

1. 毛澤東與鄧小平	渡邊利夫等著	280 元
2. 中國大崩裂	江戶介雄著	180 元
3. 台灣・亞洲奇蹟	上村幸治著	220 元
4. 7-ELEVEN 高盈收策略	國友隆一著	180 元
5. 台灣獨立（新・中國日本戰爭一）	森詠著	200 元
6. 迷失中國的末路	江戶雄介著	220 元
7. 2000 年 5 月全世界毀滅	紫藤甲子男著	180 元
8. 失去鄧小平的中國	小島朋之著	220 元
9. 世界史爭議性異人傳	桐生操著	200 元
10. 淨化心靈享人生	松濤弘道著	220 元
11. 人生心情診斷	賴藤和寬著	220 元
12. 中美大決戰	檜山良昭著	220 元
13. 黃昏帝國美國	莊雯琳譯	220 元
14. 兩岸衝突（新・中國日本戰爭二）	森詠著	220 元
15. 封鎖台灣（新・中國日本戰爭三）	森詠著	220 元
16. 中國分裂（新・中國日本戰爭四）	森詠著	220 元

17. 由女變男的我	虎井正衛著	200 元
18. 佛學的安心立命	松濤弘道著	220 元
19. 世界喪禮大觀	松濤弘道著	280 元
20. 中國內戰（新・中國日本戰爭五）	森詠著	220 元
21. 台灣內亂（新・中國日本戰爭六）	森詠著	220 元
22. 琉球戰爭①（新・中國日本戰爭七）	森詠著	220 元
23. 琉球戰爭②（新・中國日本戰爭八）	森詠著	220 元

・運動遊戲・電腦編號 26

1. 雙人運動	李玉瓊譯	160 元
2. 愉快的跳繩運動	廖玉山譯	180 元
3. 運動會項目精選	王佑京譯	150 元
4. 肋木運動	廖玉山譯	150 元
5. 測力運動	王佑宗譯	150 元
6. 游泳入門	唐桂萍編著	200 元

・休閒娛樂・電腦編號 27

1. 海水魚飼養法	田中智浩著	300 元
2. 金魚飼養法	曾雪玫譯	250 元
3. 熱門海水魚	毛利匡明著	480 元
4. 愛犬的教養與訓練	池田好雄著	250 元
5. 狗教養與疾病	杉浦哲著	220 元
6. 小動物養育技巧	三上昇著	300 元
7. 水草選擇、培育、消遣	安齊裕司著	300 元
8. 四季釣魚法	釣朋會著	200 元
9. 簡易釣魚入門	張果馨譯	200 元
10. 防波堤釣入門	張果馨譯	220 元
20. 園藝植物管理	船越亮二著	220 元
40. 撲克牌遊戲與贏牌秘訣	林振輝編著	180 元
41. 撲克牌魔術、算命、遊戲	林振輝編著	180 元
42. 撲克占卜入門	王家成編著	180 元
50. 兩性幽默	幽默選集編輯組	180 元
51. 異色幽默	幽默選集編輯組	180 元

・銀髮族智慧學・電腦編號 28

1. 銀髮六十樂逍遙	多湖輝著	170 元
2. 人生六十反年輕	多湖輝著	170 元
3. 六十歲的決斷	多湖輝著	170 元
4. 銀髮族健身指南	孫瑞台編著	250 元
5. 退休後的夫妻健康生活	施聖茹譯	200 元

國家圖書館出版品預行編目資料

撼動人心優勢口才／龔伯牧編著
－初版－臺北市，大展，民 89
面；21 公分－（社會人智囊；54）
ISBN 957-557-978-X（平裝）
1.口才 2.溝通 3.人際關係
192.32 88017933

撼動人心優勢口才

ISBN 957-557-978-X

編著者／龔 伯 牧
發行人／蔡 森 明
出版者／大展出版社有限公司
社 址／台北市北投區（石牌）致遠一路 2 段 12 巷 1 號
電 話／(02) 28236031・28236033
傳 真／(02) 28272069
郵政劃撥／01669551
登記證／局版臺業字第 2171 號
承印者／高星印刷品行
裝 訂／日新裝訂所
排版者／千兵企業有限公司
電 話／(02) 28812643
初版 1 刷／2000 年（民 89 年） 3 月

定 價／180 元